„Ich träume von einer Kirche als Mutter und Hirtin“

Inhalt

Vorspiel

> *Wenn die Kirche so werden wird,*
> *wie er sie denkt und will,*
> *wird sich eine Epoche ändern.*
> *(Eugenio Scalfari*[1]*)*

Seit dem 13. März 2013 ist er im Amt. Gemeint ist der von weither geholte Bischof von Rom, Papst Franziskus. Das sind nur wenige Jahre. Dennoch hat er in dieser kurzen Zeit die katholische Weltkirche tiefgreifend verändert. Es ist die Pastoralkultur, die eine neue Grundmelodie bekommen hat. In dieser verwirklicht sich des Papstes Vision von der Kirche. Wörtlich sagt er in seinem ersten großen Interview mit dem Jesuiten Antonio Spadaro: „Ich träume von einer Kirche als Mutter und als Hirtin."[2]

Pastoralkultur

Pastoralkultur: Sie ist, was profan als Organisationskultur[3] gilt. Eine solche hat mehrere Ebenen.

An der Oberfläche zeigt sie sich in Personen, was diese mit den Menschen tun, wie sie mit ihnen umgehen, wie sich die Organisation präsentiert. Leitbild, Rituale und Erzählungen zählen dazu.

1 | In: La Repubblica vom 3.10.2013.

2 | Spadaro, Antonio: Das Interview mit Papst Franziskus, Freiburg 2013, 48.

3 | Schein, Edgar H.: Organisationskultur, Bergisch Gladbach 2003. https://www.wko.at / site / FG-UBIT-WIEN-Unternehmenskultur / Beratungs verstaendnis/Begriff_der_Unternehmenskultur_wesentliche_Definition.html#EdSchein (21.5.2017).

Eine Ebene tiefer liegt das „Gefühl, wie die Dinge sein sollen“ und welches Gefühl die Menschen bei der Begegnung mit der Organisation haben sollen. Solche Gefühle können sein: ehrlich, freundlich, flexibel, traditionstreu.

Schließlich hat eine Organisationskultur eine Tiefenebene. Diese umfasst das, was als unausgesprochen selbstverständlich gilt. Es sind „basic assumptions“, die Grundannahmen, die nicht hinterfragt und diskutiert werden. Sie können freilich so tief abgesunken sein, dass die beiden anderen Ebenen sie nicht mehr erreichen.

Papst Franziskus ist auf allen drei Ebenen der kirchlichen Organisationskultur – also ihrer Pastoralkultur – präsent. Er personifiziert diese in der Art, wie er spricht, was er tut, wie er wohnt, wie er mit Menschen umgeht, wo er hinreist und wem er dort begegnen will. Er hat das Gefühl der Menschen zumindest gegenüber seinem Amt, ein wenig auch gegenüber der Kirche, merklich verändert. Papst Franziskus zählt zu den beliebtesten und geachtetsten Persönlichkeiten der Menschheit. Die meisten halten ihn für ehrlich und glaubwürdig: wofür die Kirche hierzulande seit geraumer Zeit nicht unbedingt steht. Ihm nimmt man ab, dass er hinter dem steht, was er tut und sagt, auch wenn nicht alles gleich gefällt.

Die nachhaltigste Wirkung aber hat in den wenigen Jahren seines Pontifikats Papst Franziskus auf die Tiefenstruktur der Pastoralkultur ausgeübt. Für diese verwendet er selber gern den Begriff der Logik, den er aber inhaltlich anders füllt, als dies in der profanen Diskussion geschieht. Für ihn gibt es also mehrere „Logiken“, solche der Kultur und kontrastierend zu diesen solche der Pastoral.

- Eher beschreibend bis negativ erscheint bei Papst Franziskus die Logik der gegenwärtigen Kultur: Es ist eine globalisierte Logik, die Logik der aktuellen Wirtschaft, des

Marktes und der vermeintlich hilfreichen unsichtbaren Hand, die Logik medialer Möglichkeiten, die harte Logik der technischen Mittel, des Finanzwesens, der instrumentellen Vernunft, die Logik von Herrschaft, Gewalt, Ausnutzung, Egoismus, der Herrschaft über den eigenen Körper und über die Schöpfung; es ist die Logik eines verwerflichen „Einweggebrauchs"; Logik kann aus seiner Sicht pervers sein.

- Neben diesen weltlichen Logiken formuliert der Papst eine Logik der pastoralen Barmherzigkeit. Diese hat viele Facetten: die Logik des Evangeliums, der Inkarnation, des Empfangens, des Mitgefühls, der barmherzigen Aufnahme, der christlichen Liebe; sie ist eine Logik, die nicht wie bisher eher ausgrenzt, sondern wiedereingliedert, eine Logik der Integration also, eine Logik, die viel Gefühl und Fantasie benötigt.

Hinsichtlich der Logik der pastoralen Barmherzigkeit liegt dem Papst daran, über lange Zeit verschüttete jesuanische Grundannahmen wieder freizulegen und diese mit neuer Kraft in die Gefühle des kirchlichen Personals und damit letztlich in die sichtbare Oberfläche der Kirche, in ihr Leben und Wirken einsickern zu lassen. All das versucht er in einem geduldigen Prozess, indem er zuhört, wahrnimmt, betet, um schließlich die Geister zu unterscheiden, wie er sagt.

Papst Franziskus irritiert damit nicht wenige. Es sind vor allem jene, denen die Tiefenschicht der Kirche fremd geworden ist. Dazu gehören manche Verantwortliche in kirchlichen Positionen und auf Lehrstühlen. Diese sind mehr um den Kirchenbetrieb besorgt. Sie erwarten sich eine Zukunftsfähigkeit der Kirche inmitten eines epochalen Wandels der Kirche von einer Änderung der Strukturen der kirchlichen Organisation. Es sind die Ideologen, denen das

Kirchenrecht wichtiger ist als das Evangelium, das von der Tiefenschicht in unverbrauchten Bildern und Gleichnissen erzählt. Insgeheim sind wohl manche derart unruhig, dass sie sich ein absehbares Ende der Amtszeit von Papst Franziskus herbeiwünschen. Manche Getaufte, darunter auch Ordinierte in allen Rängen, verweilen in ihren spirituellen Lehnstühlen, schauen skeptisch zu und warten ab. Es sind jene, denen Papst Franziskus in seiner Regierungserklärung Evangelii gaudium ungeduldig zuruft: „Und wir, worauf warten wir?“ (EG 120).

Die Überlegungen dieses Buches folgen Franziskus bei seinem Versuch, die Pastoralkultur der Kirche dadurch zu kräftigen, dass er die Tiefenstruktur der Kirche und ihrer Pastoralkultur freilegt und in sein alltägliches Leben, Reden und Tun einfließen lässt. Sein Bestreben ist es in erster Linie, diese jesuanische Tiefenschicht aufzudecken. Sie soll mit neuer Kraft den pastoralen Alltag der Kirche durchfluten.

Quellen

Dieses Buch versucht annähernd dieses Anliegen des Papstes zu umreißen. Dazu werden seine bisher wichtigsten Dokumente analysiert. Dazu zählen, zeitlich geordnet:

- das für die Jesuitenzeitschriften gegebene Interview, erstveröffentlicht online[4] am 19.8.2013 in den „Stimmen der Zeit“[5]; [IV Spadaro][6]

4 | http://www.stimmen-der-zeit.de/zeitschrift/online_exklusiv/details_html?k_beitrag=3906412

5 | Spadaro, Antonio: Das Interview mit Papst Franziskus, hg. v. Andreas Batlogg, Freiburg 2013.

6 | In den eckigen Klammern stehen die Abkürzungen für die Zitation der Texte in diesem Buch.

- das Interview, das Eugenio Scalfari von der Mailänder Zeitung La Repubblica geführt und Anfang Oktober 2013 anhand seiner Notizen veröffentlicht hatte[7]; [IV Scalfari]
- das Apostolische Schreiben Evangelii gaudium vom 24.11.2014[8]; [EG]
- die beiden Papstreden vor dem Europarat und dem Europaparlament am 25.11.2014; [EU Rat; EU Parlament]
- die Bulle Misericordiae vultus zur Eröffnung des Heiligen Jahres der Barmherzigkeit vom 11.4.2015; [MV]
- die Enzyklika Laudato si' vom 24.5.2015[9]; [LS]
- Rede von Papst Franziskus nach der Bischofssynode für die Familie vom 24.10.2015; [SYN]
- die Apostolische Exhortation Amoris laetitia vom 19.3.2016[10]; [AL]
- das Interview in DIE ZEIT vom 9.3.2017. [IV Zeit]

Alle diese Texte wurden computergestützt einer Inhaltsanalyse unterzogen, Worthäufigkeiten wurden festgestellt, die vielfältigen Texte mit wichtigen Schlüsselwörtern codiert.

In diesen Analysen hat sich eröffnet, was Franziskus bewegt. Viele Themen haben sich aufgetan. Diese haben aber keinesfalls alle dasselbe Gewicht für ihn. Er mahnt nicht nur für die Verkündigung der Kirche die vom Konzil[11] umris-

7 | Auf einmal erfüllt mich ein großes Licht, La Repubblica, 1.-3.10.2013.

8 | Die frohe Botschaft Jesu. Aufbruch zu einer neuen Kirche. Das Apostolische Schreiben „Evangelii gaudium – Freude am Evangelium" von Papst Franziskus, Leipzig 2014.

9 | Papst Franziskus: Laudato si'. Über die Sorge für das gemeinsame Haus. Die Umwelt-Enzyklika mit Einführung und Themenschlüssel, Stuttgart [3]2015.

10 | Papst Franziskus: Amoris laetitia. Freude der Liebe. Mit einer Hinführung von Christoph Kardinal Schönborn, Freiburg 2016. – Zulehner, Paul M.: Vom Gesetz zum Gesicht, Ostfildern 2016.

11 | So im Ökumenismusdekret Unitatis redintegratio, 11.

sene Hierarchie der Wahrheiten im Kosmos des christlichen Glaubens ein:

„Wenn wir uns auf die Überzeugungen konzentrieren, die uns verbinden, und uns an das Prinzip der Hierarchie der Wahrheiten erinnern, werden wir rasch auf gemeinsame Formen der Verkündigung, des Dienstes und des Zeugnisses zugehen können." (AL 246)

Gott und die Welt

Wir finden diese Hierarchie von Wahrheiten auch im Kosmos seines gläubigen Denkens und Handelns. Allein das von allen Texten erstellte gemeinsame Wörterbuch macht das deutlich sichtbar – hier in der Form von zwei Wordclouds (siehe Abbildungen rechts):

Im Zentrum aller untersuchten Aussagen des Papstes steht das Verhältnis zwischen dem „Bereich Gottes" und jenem der Welt. Gott und die Welt sind wie die zwei Zentren einer Ellipse. Zum göttlichen Bereich zählen die Begriffe Gott (829) und Jesus Christus (265); zum Bereich der Welt diese Erde/dieser Planet (466), die Gesellschaft (185), die Menschen (699), das Leben (741), die Armen (185), die Familie (473) und die Kinder (170). Es geht dem Papst dabei immer um die Welt von heute (164).

Beide Sphären der Wirklichkeit sind aufeinander bezogen. Diese Beziehung ist bestimmt durch Liebe (645) und Barmherzigkeit/Erbarmen (87). Im Mittelpunkt steht also die schöpferische und heilende Beziehung zwischen Gott und der Welt.

Um diese heilende Beziehung geht es im Evangelium (222), das der Kirche (542) anvertraut ist und an der sich

ABBILDUNG 1: Zwei Wordclouds der häufigsten Wörter

diese auszurichten hat. Deren Aufgabe ist es, eine dienende Kirche in der Welt von heute zu sein. Damit stehen die Positionen von Franziskus eindeutig auf dem Boden des Zweiten Vatikanischen Konzils und deren Pastoralkonstitution „Gaudium et spes" (Kirche in der Welt von heute). Dieses Konzil hat Papst Franziskus nicht mitgemacht, wohl aber führt er es entschlossen weiter. Das Schreiben Evangelii gaudium ist diesem Anliegen eines Aufbruchs der Kirche im Geist des Konzils gewidmet. Die Umsetzung des Konzils geht dem Papst zu schleppend, zu langsam voran. In einer Predigt zu einem Geburtstag seines Vorgängers Papst Benedikt XVI. klagte er sogar[12]:

„Der Heilige Geist drängt zum Wandel, und wir sind bequem … Um es klar zu sagen: Der Heilige Geist ist für uns eine Belästigung. Er bewegt uns, er lässt uns unterwegs sein, er drängt die Kirche, weiterzugehen. Aber wir sind wie Petrus bei der Verklärung, ‚Ah, wie schön ist es doch, gemeinsam hier zu sein.' Das fordert uns aber nicht heraus. Wir wollen, dass der Heilige Geist sich beruhigt, wir wollen ihn zähmen. Aber das geht nicht. Denn er ist Gott und ist wie der Wind, der weht, wo er will. Er ist die Kraft Gottes, der uns Trost gibt und auch die Kraft, vorwärtszugehen. Es ist dieses ‚Vorwärtsgehen', das für uns so anstrengend ist. Die Bequemlichkeit gefällt uns viel besser."

Wir seien heute viel zu zufrieden mit der angeblichen Anwesenheit des Heiligen Geistes, und diese Zufriedenheit sei eine Versuchung. Das gelte zum Beispiel mit Blick auf das Konzil:

12 | Radio Vaticana, 16.04.2013: http://de.radiovaticana.va/storico/2013/04/16/papst%20Franziskus%20bem%C3%A4ngelt%20umsetzung%20des%20zweiten%20vatikanums/ted-683281 (23.5.2017)

„Das Konzil war ein großartiges Werk des Heiligen Geistes. Denkt an Papst Johannes: Er schien ein guter Pfarrer zu sein, aber er war dem Heiligen Geist gehorsam und hat dieses Konzil begonnen. Aber heute, 50 Jahre danach, müssen wir uns fragen: Haben wir da all das getan, was uns der Heilige Geist im Konzil gesagt hat? In der Kontinuität und im Wachstum der Kirche, ist da das Konzil zu spüren gewesen? Nein, im Gegenteil: Wir feiern dieses Jubiläum und es scheint, dass wir dem Konzil ein Denkmal bauen, aber eines, das nicht unbequem ist, das uns nicht stört. Wir wollen uns nicht verändern und es gibt sogar auch Stimmen, die gar nicht vorwärts wollen, sondern zurück: Das ist dickköpfig, das ist der Versuch, den Heiligen Geist zu zähmen. So bekommt man törichte und lahme Herzen."

In diesem weiten theologischen Rahmen der Beziehung von Gott und Welt entwickelt Papst Franziskus die Pastoralkultur der Kirche, die er für heute erneuern und vertiefen will.

TABELLE 1: Die häufigsten verwendeten Wörter in den analysierten Texten

GOTT	829	JESUS CHRISTUS	265
Leben	741	EVANGELIUM	222
MENSCHEN	699	Gesellschaft	185
Liebe	645	ARM	185
Kirche	542	Kinder	170
FAMILIE	473	heute	164
WELT, ERDE, PLANET	466	BAMHERZIGKEIT, ERBARMEN	87

Sind Wörter großgeschrieben, dann sind einzelne Positionen addiert worden, z.B. Gott und Gottes.

Vorgehen

Schon diese ersten Ergebnisse der Textanalyse eröffnen einen gangbaren Weg, auf dem in diesem Buch jene Pastoralkultur erschlossen wird, die Papst Franziskus vorschwebt und in die er selbst die Kirche einübt.

Zuerst wird anhand der Textanalysen das Gottesbild von Franziskus vorgestellt: Wer, genauer, wie ist Gott für ihn, wie sieht er dessen Handeln in der Welt? Franziskus taucht bildlich gesprochen zunächst in das göttliche Geheimnis ein (Teil I).

Von dort her taucht er in der Welt, bei den Menschen, deren Leben und Zusammenleben/Gesellschaft auf. Auf die Welt blickt er nicht nur mit den scharfsichtigen Augen kundiger Wissenschaft, sondern vor allem mit den Augen Gottes (Teil II). Das lässt ihn eine höchst wunderbare und zugleich zutiefst verwundete Welt sehen, in der zugleich der Lobpreis Gottes wie der Schrei der Armen ertönen.

In diesem weltgeschichtlichen Schauspiel zwischen Gott und seiner Welt, die er als Heilsgeschichte versteht, verortet er die Kirche und ihr Handeln. Die Art des kirchlichen Tuns wird einerseits von den Freuden und der Trauer der Menschen, vorab der Armgemachten, sowie den Leiden der Natur, andererseits vom heilenden Erbarmen Gottes geformt. Die Kirche soll, so ein markanter Satz, wie der Vater (Gott) handeln: Sie ist berufen, „in der Welt das lebendige Zeichen der Liebe des Vaters" (MV 4), also „barmherzig wie der Vater" (MV 13) zu sein.

Gott selbst wird somit zum Maßgeblichen der kirchlichen Pastoralkultur für heute. Daran hat sie sich zu messen – und zu erneuern. Daher lautet die erste und wichtigste Frage an die Texte: Wer und wie ist Gott für Papst Franziskus?

Teil 1: Vater des Erbarmens

It is not necessary to be perfect,
but to be connected.
(Richard Rohr)

Gott suchen und finden

Im Gespräch mit Eugenio Scalfari von der Mailänder La Repubblica macht Papst Franziskus deutlich, dass er sein ganzes Sein unerschütterlich an Gott festmacht. Er ist der Dreh- und Angelpunkt nicht nur seines Lebens, sondern auch seines Pontifikats:

„Und ich glaube an Gott. Nicht an einen katholischen Gott, es gibt keinen katholischen Gott, es gibt Gott. Ich glaube auch an Jesus Christus, seine Menschwerdung. Jesus ist mein Lehrer und mein Hirte, aber Gott, der Vater, Abba, ist das Licht und der Schöpfer. Dies ist mein Sein. Haben Sie den Eindruck, dass eine große Distanz zwischen uns besteht?" [IV Scalfari]

Für den Jesuiten Jorge Mario Bergolio ist dieses feste Setzen auf Gott die Frucht eines langen Glaubensweges, der auch manche Umwege kannte. Auf diesen haben ihn nicht nur seine von ihm hoch verehrte Großmutter Rosa und seine frommen Eltern geführt. In der Schule seines Ordensvaters Ignatius hat er gelernt, „Gott in allen Dingen zu suchen und zu finden". Diese Überzeugung tönt in vielen seiner Aussagen durch: „Gott begegnet man im Heute", „Gott ist im Leben jeder Person. Gott ist im Leben jedes Menschen" [IV Spadaro]. Gott lässt sich selbst gerade in Misserfolgen finden:

„Da wir nicht immer diese aufkeimenden Sprossen sehen, brauchen wir eine innere Gewissheit und die Überzeugung, dass Gott in jeder Situation handeln kann, auch inmitten scheinbarer Misserfolge, denn ‚diesen Schatz tragen wir in zerbrechlichen Gefäßen' (2 Kor 4,7). Diese Gewissheit ist das, was ‚Sinn für das Mysterium' genannt wird." [EG 279]

Gott ist für den Papst kein Besitz. Es geht nicht primär darum, was wir von ihm wissen, sondern ob wir mit ihm verbunden sind, er mit uns im Leben – zeitweise unerkannt – unterwegs ist und unser Leben trägt:

„Daher begegnet man Gott beim Gehen, auf dem Weg. Hier könnte einer sagen: Das ist Relativismus. Ist es Relativismus? Ja, wenn man ihn schlecht versteht wie einen verschwommenen Pantheismus; nein, wenn man ihn im biblischen Sinn versteht, für den Gott immer eine Überraschung ist. Daher weißt du nie, wo und wie du ihn triffst. Nicht du fixierst Zeiten und Orte der Begegnung mit ihm. Man muss daher die Begegnung erkennen, ausmachen. Dafür ist die Unterscheidung grundlegend." [IV Spadaro]

Dieses Suchen und Finden Gottes ist aber ein nicht immer einfacher Vorgang. Es ist mehr ein Tasten und Annähern, manchmal mehr ein Nichtwissen[13] denn ein Wissen. Es bleiben Zweifel und Unsicherheiten.[14] Viele Fragen lassen sich nicht beantworten und bleiben offen. An Gott zu glauben, ist mehr verbunden sein, denn zu wissen. Es ist vor allem eine existentielle Entscheidung, eine Art „Sprung in den Brunnen"[15], ohne zu wissen, ob es unten einen festen Boden gibt, doch fest zu hoffen, aufgefangen zu werden:

13 | Rohr, Richard: Die Männerbibel: Meditationen auf dem Weg zur Freiheit, München 2011, Tag 36.

14 | Berger, Peter L./Zijderveld, Anton C.: Lob des Zweifels, Freiburg 2010.

15 | Halbfas, Hubertus: Der Sprung in den Brunnen, Düsseldorf 1989.

„Ja, bei diesem Suchen und Finden Gottes in allen Dingen bleibt immer ein Bereich der Unsicherheit. Er muss da sein. Wenn jemand behauptet, er sei Gott mit absoluter Sicherheit begegnet, und nicht berührt ist von einem Schatten der Unsicherheit, dann läuft etwas schief. Für mich ist das ein wichtiger Erklärungsschlüssel. Wenn einer Antworten auf alle Fragen hat, dann ist das der Beweis dafür, dass Gott nicht mit ihm ist. Das bedeutet, dass er ein falscher Prophet ist, der die Religion für sich selbst benutzt. Die großen Führer des Gottesvolkes wie Mose haben immer Platz für den Zweifel gelassen. Man muss Platz für den Herrn lassen, nicht für unsere Sicherheiten. Man muss demütig sein. Die Unsicherheit hat man bei jeder echten Entscheidung, die offen ist für die Bestätigung durch geistlichen Trost." [IV Spadaro]

Fundamentalistische Alles- und Besserwisser warnt der Papst vor theologischer Arroganz und falscher Sicherheit:

„Das Risiko beim Suchen und Finden Gottes in allen Dingen ist daher der Wunsch, alles zu sehr zu erklären, etwa mit menschlicher Sicherheit und Arroganz zu sagen: ‚Hier ist Gott.' Dann finden wir nur einen Gott nach unserem Maß. Die richtige Einstellung ist die von Augustinus: Gott suchen, um ihn zu finden, ihn finden, um ihn immer zu suchen. Und häufig findet man nur tastend, wie man in der Bibel liest. Das ist die Erfahrung der großen Väter des Glaubens, die unser Vorbild sind. Man sollte das 11. Kapitel des Briefes an die Hebräer lesen: Abraham ist aufgebrochen, ohne zu wissen, wohin er gehen soll im Glauben. Alle unsere Vorfahren im Glauben starben im Blick auf die verheißenen Güter, aber immer von Ferne... Unser Leben ist uns nicht gegeben wie ein Opernlibretto, in dem alles steht. Unser Leben ist Gehen, Wandern, Tun, Suchen, Schauen... Man muss in das Abenteuer der Suche nach der Begegnung eintreten und in das Sich-suchen-Lassen von Gott, das Sich-begegnen-Lassen mit Gott." [IV Spadaro]

Dieser lebendige, die Welt und jede und jeden von uns tragende Gott kann, wie etwa „im sogenannten Westen, in Vergessenheit geraten" [EU Parlament]. Das kann den Menschen veranlassen, sich im Umgang mit der Welt an Gottes Stelle zu setzen und zu vergessen, dass ihm diese Welt zum behutsamen Hegen und Pflegen anvertraut ist. „Wir sind nicht Gott. Die Erde war schon vor uns da und ist uns gegeben worden" [LS 67], ruft Papst Franziskus in diese Gottvergessenheit hinein, ein Wort, das er von seinem Vorgänger Papst Benedikt XVI. übernommen hat.[16]

Besorgt macht Papst Franziskus auch, dass manche von einem falschen Gott reden oder – wie man zugespitzt formulieren könnte – dass sie aus einem unpassenden Gott einen uns passenden modellieren:

„In der heiligen Absicht, ihnen die Wahrheit über Gott und den Menschen zu vermitteln, geben wir ihnen bei manchen Gelegenheiten einen falschen ‚Gott' und ein menschliches Ideal." [EG 41]

Gott sucht und findet

Papst Franziskus macht es also weder sich selbst noch uns mit Gott leicht. Wer Sicherheit sucht, findet Gott nicht. Im Suchen kann aber die tiefe Gewissheit wachsen, von Gott selbst gefunden zu sein.

16 | „Es ist gerade die Gottvergessenheit und nicht seine Verherrlichung, die Gewalt erzeugt". Benedikt XVI., Ansprache an die Mitglieder des Diplomatischen Korps, 7. Januar 2013.

Er stellt damit die Aufforderung, wir sollten „Gott in allen Dingen suchen und finden", gleichsam auf den Kopf. Denn letztlich sind nicht wir es, die Gott suchen. Vielmehr ist es, so ist Papst Franziskus überzeugt, Gott selbst, der uns unablässig sucht und verlässlich findet.

Die Initiative liegt immer bei Gott. Er erschafft die Welt, in ihr die Menschen. Sein Ziel ist, sich mit der Welt und in ihr mit jedem Menschen[17] zu vereinen. Dazu schließt er einen Bund mit seinem Volk [IV Spadaro]. „Die Barmherzigkeit macht die Geschichte Gottes mit Israel zu einer Heilsgeschichte" [MV 7], und das mit der ganzen Menschheit [AL 318]. In der Menschwerdung hat er mit der Einung begonnen. Am Ende wird er „alles in allem" sein. Hier zeigt Papst Franziskus sich jenen suchenden Mystikern und Mystikerinnen (wie etwa Hildegard von Bingen oder Meister Eckhart, aber auch seinem Ordensbruder Teilhard de Chardin) nahe, nach denen die gesamte Schöpfung auf den „kosmischen Christus" zureift:

„Das Neue Testament spricht zu uns nicht nur vom irdischen Jesus und seiner so konkreten und liebevollen Beziehung zur Welt. Es zeigt ihn auch als den Auferstandenen und Verherrlichten, der mit seiner allumfassenden Herrschaft in der gesamten Schöpfung gegenwärtig ist: ‚Gott wollte mit seiner ganzen Fülle in ihm wohnen, um durch ihn alles zu versöhnen. Alles im Himmel und auf Erden wollte er zu Christus führen, der Friede gestiftet hat am Kreuz durch sein Blut' (Kol 1,19–20). Das versetzt uns ans

17 | Wir, die auf der Familiensynode versammelten Bischofe, haben versucht, uns „mutig der Güte und der Barmherzigkeit Gottes anzuschließen, die unsere menschlichen Kalküle übersteigt und nichts anderes will, als ‚DASS ALLE MENSCHEN GERETTET WERDEN' [sic!]." [SYN]

Ende der Zeiten, wenn der Sohn dem Vater alles übergibt und Gott alles in allem ist (vgl. 1 Kor 15,28)." [LS 100]

Franziskus ist also bei aller Gottessehnsucht und Gottsuche der Menschen überzeugt: „Gott kommt unserem Tun mit seiner Gnade zuvor."[18] In diesem Entgegenkommen schenkt Gott nicht nur „Gnaden"-Gaben, sondern ist selbst die „ungeschaffene Gnade". In seiner Liebe zieht Gott jeden Menschen an sich, sucht ihn wie ein Hirte.

Mit wenigen Worten bündelt Papst Franziskus seine Theologie der Offenbarung, aber auch der Gnade. Gott „spricht zu uns[19], offenbart sich und seine unermessliche Liebe im gestorbenen und auferstandenen Christus [EG 11][20], kommt uns zuvor[21], bietet uns an; Gott zieht uns an":

„Das Heil, das Gott uns anbietet, ist ein Werk seiner Barmherzigkeit. Es gibt kein menschliches Tun, so gut es auch sein mag, das uns ein so großes Geschenk verdienen ließe. Aus reiner Gnade zieht Gott uns an, um uns mit sich zu vereinen. Er sendet seinen Geist in unsere Herzen, um uns zu seinen Kindern zu machen, um uns zu verwandeln und uns fähig zu machen, mit unserem Leben auf seine Liebe zu antworten. Die Kirche ist von Jesus Christus gesandt als das von Gott angebotene Sakrament des Heiles. Durch ihr evangelisierendes Tun arbeitet sie mit als Werk-

18 | So der Jesuit Karl Rahner im Entwurf einer Theologie der Seelsorge heute, in: Zulehner, Paul M./Rahner, Karl: „Denn du kommst unserem Tun mit deiner Gnade zuvor", Neuausgabe Ostfildern 2002.

19 | Und das auch durch die Natur, wie der heilige Franziskus uns in Treue zur Heiligen Schrift nahelegt, „die Natur als ein prächtiges Buch zu erkennen, in dem Gott zu uns spricht und einen Abglanz seiner Schönheit und Güte aufscheinen lässt". [LS 12]

20 | „In Wirklichkeit ist das Zentrum und das Wesen des Glaubens immer dasselbe: der Gott, der seine unermessliche Liebe im gestorbenen und auferstandenen Christus offenbart hat." [EG 11]

21 | „Die evangelisierende Gemeinde spürt, dass der Herr die Initiative ergriffen hat, ihr in der Liebe zuvorgekommen ist (vgl. 1 Joh 4,10)." [EG 11]

zeug der göttlichen Gnade, die unaufhörlich und jenseits jeder möglichen Kontrolle wirkt. Benedikt XVI. hat dies treffend zum Ausdruck gebracht, als er die Überlegungen der Synode eröffnete: ‚Daher ist es wichtig, immer zu wissen, dass das erste Wort, die wahre Initiative, das wahre Tun von Gott kommt, und nur indem wir uns in diese göttliche Initiative einfügen, nur indem wir diese göttliche Initiative erbitten, können auch wir – mit ihm und in ihm – zu Evangelisierern werden.' Das Prinzip des Primats der Gnade muss ein Leuchtfeuer sein, das unsere Überlegungen zur Evangelisierung ständig erhellt." [EG 112]

Gott erhält somit uneingeschränkt Priorität im gläubigen Leben des Menschen und im Handeln der Kirche:

„In jeglicher Form von Evangelisierung liegt der Vorrang immer bei Gott, der uns zur Mitarbeit mit ihm gerufen und uns mit der Kraft seines Geistes angespornt hat. Die wahre Neuheit ist die, welche Gott selber geheimnisvoll hervorbringen will, die er eingibt, die er erweckt, die er auf tausenderlei Weise lenkt und begleitet. Im ganzen Leben der Kirche muss man immer deutlich machen, dass die Initiative bei Gott liegt, dass ‚er uns zuerst geliebt' hat (1 Joh 4,19) und dass es ‚nur Gott [ist], der wachsen lässt' (1 Kor 3,7)." [EG 12]

Bilder von Gott

So sehr Franziskus davor warnt, Gott begrifflich in den Griff zu bekommen, nähert er sich dessen unbegreiflichem Geheimnis mit Bildern an. Dabei steht für den Papst fest, dass Gott zu uns gesprochen und sich geoffenbart hat:

„Wir tappen nicht in der Finsternis und müssen nicht darauf warten, dass Gott sein Wort an uns richtet, denn ‚Gott hat gesprochen, er ist nicht mehr der große Unbekannte, sondern er hat sich gezeigt'." [EG 175]

„In Wirklichkeit ist das Zentrum und das Wesen des Glaubens immer dasselbe: der Gott, der seine unermessliche Liebe im gestorbenen und auferstandenen Christus offenbart hat." [EG 11]

„Dreifaltig" Liebender

Gott wird von Papst Franziskus als der „dreifaltige" Gott gepriesen. Dreifaltig meint, dass Gott in sich Gemeinschaft und Beziehung ist. Der Mystiker Richard Rohr spricht von einem innergöttlichen „circle dance".

„Gott ist Gemeinschaft: Die drei Personen des Vaters, des Sohnes und des Heiligen Geistes leben seit jeher und für immer in vollkommener Einheit." [AL 212]

Staunen und Lobpreis prägen die Grundbeziehung des Menschen zu Gott. Das Anbeten, nicht das Bitten hat Vorrang. Franziskus bewundert die Schönheit Gottes, die sich in der Schönheit der Welt spiegelt.

„Wenn wir also voller Bewunderung das Universum in seiner Größe und Schönheit betrachten, müssen wir die ganze Dreifaltigkeit loben." [LS 238]

Häufig gebraucht Franziskus das Wort Liebe, wenn er über Gott spricht. Im Gebet am Ende der Enzyklika Laudato si' ruft er ihn als „Gott der Liebe" an [LS 248]. Diese „Liebe Gottes ist der fundamentale Beweggrund der gesamten Schöpfung" [LS 77]. „Alles ist eine Liebkosung[22] Gottes" [LS 82]. Die

22 | Das Wort Liebkosung verwendet Papst Franziskus dreimal für die eheliche Liebe, zweimal zusammen mit Umarmung [AL 157, 181, 321].

Gottesbeziehung hat für ihn viel an Innigkeit und Erotik – was eine lange biblische Tradition hat.

Gottes Liebe malt der Papst als facettenreich: Sie ist heilbringend [EG 4, 36, 44, 121; IV Spadaro], stets größer [EG 79], tröstend [MV 3]. Es ist jene eine Liebe, die er in uns wachruft und uns so mit Gott vereint [AL 123]. Noch mehr: „Die Art, wie Gott liebt, wird zum Maßstab menschlicher Liebe." [AL 70] Gottes Liebe, so in seinem Schreiben über die Freude der Liebe, kommt (auch) in der ehelichen Liebe zum Vorschein:

„Die Liebe Gottes drückt sich ‚auch in den persönlichen Worten aus […], mit denen Mann und Frau einander ihre eheliche Liebe konkret kundtun'." [AL 321]

Alle Verkündigung der Kirche soll um diese Liebe kreisen und sie bezeugen [AL 63]. Das geht aber nur, wenn jene, die verkündigen, diese Liebe auch selbst erfahren haben:

„Unerlässlich ist für den Prediger, die Gewissheit zu haben, dass Gott ihn liebt, dass Jesus Christus ihn gerettet hat und dass seine Liebe immer das letzte Wort hat." [EG 151]

In seinen Texten präsentiert Franziskus noch weitere Bilder, die unser Gottesverhältnis prägen sollen. Die Rede ist vom göttlichen Licht[23], von Gottes Unermesslichkeit[24], seiner Transzendenz, für welche die Welt offen ist [LS 79], seinem unerschöpflichen [LS 86] Reichtum, den er an die Welt sowie an seine Kirche verschenkt hat [LS 321].

23 | „Aus meiner Perspektive erkenne ich Gott als das Licht an, das die Dunkelheit erleuchtet, aber nicht auflöst, und in jedem von uns gibt es einen Funken dieses göttlichen Lichtes. Ich erinnere mich daran, in meinem Brief an Sie erwähnt zu haben, dass auch unsere Spezies enden wird, doch das Licht Gottes wird niemals enden, das dann in alle Seelen dringen und alles in allem sein wird." [IV Scalfari]

24 | „Augustinus fühlt sich ohnmächtig gegenüber der Unermesslichkeit Gottes und den Aufgaben, die ein Christ und Bischof erfüllen sollte." [IV Scalfari]

Gern nennt Franziskus Gott mit Jesus „Vater“: „Jesus übernimmt den biblischen Glauben an den Schöpfergott und betont etwas Grundlegendes: Gott ist Vater (vgl. Mt 11,25).“ [LS 96] In Gottes väterliche Hand lässt sich jede Situation legen: „Er wird dann deutlicher spüren, dass er angehört und verstanden wurde, dass seine Situation in Gottes Hand gelegt wurde, und er wird erkennen, dass das Wort Gottes wirklich sein Leben anspricht.“ [EG 216] Das alles ist möglich, denn Gott „ist ein Vater mit zärtlichem Herzen“[25], das durch unser Gebet angerührt wird, genauer besehen ist es aber umgekehrt: „Wir können sagen, dass das Herz Gottes durch unser Fürbittgebet gerührt wird, aber in Wirklichkeit kommt er uns immer zuvor, und was wir mit unserem Fürbittgebet ermöglichen, ist, dass seine Macht, seine Liebe und seine Treue sich mit größerer Klarheit unter dem Volk zeigen.“ [EG 283]

In der Tradition wurde oft auch Gottes (All-)Macht hervorgekehrt, und dies manchmal in bedrohlicher Weise. Der Papst weiß aber, dass solche Begriffe oftmals zur Rechtfertigung von Gewalttätigkeit sowohl katechetisch durch die Kirche wie politisch durch die Mächtigen missbraucht wurden:

„Darum sollte man immer bedenken, ‚dass alle theologischen Begriffe unangemessen sind, die letztlich Gottes Allmacht selbst und insbesondere seine Barmherzigkeit infrage stellen‘.“ [AL 311]

Näher als das Wort von der Macht Gottes liegt ihm das Wort von dessen Kraft, die er uns schenkt. Diese finden etwa jene Menschen, die zum Wallfahrtsort Guadalupe in Mexiko pilgern. Der folgende Text enthält auch den Kern

25 | Hier zitiert Papst Franziskus in seiner Rede nach der Bischofssynode (Fußnote 6) Johannes Paul II.: Dives in Misericordia, 13.

der Sicht von Papst Franziskus auf Maria, die wie ein Näherbringen der Menschen zu Gott erscheint:

„Dort in den Heiligtümern kann man beobachten, wie Maria ihre Kinder um sich versammelt, die unter großer Anstrengung als Pilger kommen, um sie zu sehen und von ihr gesehen zu werden. Hier finden sie die Kraft Gottes, um die Leiden und Mühen des Lebens zu ertragen. Wie dem heiligen Juan Diego gibt sie ihnen mit zärtlicher Liebe ihren mütterlichen Trost und flüstert ihnen zu: ‚Dein Herz beunruhige sich nicht [...] Bin denn ich, die ich doch deine Mutter bin, etwa nicht hier?'" [EG 286]

Auch am Ende seiner Enzyklika Laudato si' zeigt sich Papst Franziskus überzeugt, dass Gott den Menschen jene Kraft und jenes Licht schenkt, das die Welt heute benötigt. Seine Überzeugung hat ihren letzten Grund darin, dass im Herzen der Welt, wie es Karl Rahner in einer berühmten Osterpredigt im Anschluss an die Kirchenväter ausdrückte[26], nicht mehr Tod und Vergeblichkeit wohnen, sondern Gott und das Leben:

„Gott, der uns zur großzügigen und völligen Hingabe zusammenruft, schenkt uns die Kräfte und das Licht, die wir benötigen, um voranzugehen. Im Herzen dieser Welt ist der Herr des Lebens, der uns so sehr liebt, weiter gegenwärtig. Er verlässt uns nicht, er lässt uns nicht allein, denn er hat sich endgültig mit unserer Erde verbunden, und seine Liebe führt uns immer dazu, neue Wege zu finden. Er sei gelobt." [LS 245]

26 | Rahner, Karl: Kleines Kirchenjahr, München 1954, 84–92.

Eigenschaften Gottes

Was bisher als „Gottesbild“ von Papst Franziskus in Umrissen sichtbar wurde, wird durch Eigenschaftswörter verstärkt, die in den Texten mit Gott in Verbindung stehen.

Gott ist lebendig (2 Kor 3,2), geduldig[27], gerecht, gütig und langmütig („Zugleich mit dem Lob der Mäßigung Gottes, um Zeit für Reue zu lassen, wird seine Macht betont, die sich zeigt, wenn er barmherzig handelt. Die Langmut Gottes ist eine Übung der Barmherzigkeit mit dem Sünder und offenbart die wahre Macht“ [AL 91]), nicht müde („Ich beharre noch einmal darauf: Gott wird niemals müde zu verzeihen; wir sind es, die müde werden, um sein Erbarmen zu bitten“ [EG 3]). Gott ist treu, „unbeirrbar treu“ (Dtn 32,4):

„Leben wir sie [die Weisungen des Evangeliums] ‚sine glossa‘ – ohne Kommentare. Auf diese Weise erfahren wir die missionarische Freude, das Leben mit dem Volk zu teilen, das Gott treu ist, und versuchen zugleich, das Feuer im Herzen der Welt zu entzünden.“ [EG 271]

Es klingt wie eine Zwischenbilanz: Für Franziskus ist Gott gut und tut uns gut. Um dies zu vermitteln, zitiert er Paul VI., der das Zweite Vatikanische Konzil im Jahre 1965 abgerundet hatte:

27 | „Andere Male meinen wir, Gott verlange eine zu große Entscheidung von uns, die zu fällen wir noch nicht in der Lage sind. Das führt bei vielen Menschen dazu, die Freude an der Begegnung mit dem Wort Gottes zu verlieren, doch das würde bedeuten zu vergessen, dass niemand geduldiger ist als Gottvater, dass niemand versteht und hofft wie er. Er lädt immer ein, einen Schritt mehr zu tun, verlangt aber nicht eine vollständige Antwort, wenn wir noch nicht den Weg zurückgelegt haben, der ihn ermöglicht. Er möchte einfach, dass wir ehrlich auf unser Leben schauen und es ohne Täuschungen vor seine Augen führen; dass wir bereit sind, weiter zu wachsen, und dass wir ihn um das bitten, was wir noch nicht zu erlangen vermögen.“ [EG 153]

„Der selige Paul VI. hat dafür wunderbare Worte gefunden: ‚Wir können also denken, dass jede unserer Sünde oder Flucht vor Gott in ihm eine Flamme noch intensiverer Liebe entzündet, einen Wunsch, uns zurückzugewinnen und uns wieder in seinen Heilsplan einzufügen... Gott offenbart sich in Christus als unendlich gut... Gott ist gut. Und nicht nur in sich selbst; Gott – sagen wir es unter Tränen – ist gut für uns. Er liebt und sucht uns, er denkt an uns, kennt und inspiriert uns, und er erwartet uns: Er wird – wenn man das so sagen kann – glücklich sein an dem Tag, an dem wir umkehren und sagen: Herr, in deiner Güte verzeih mir! So wird also unsere Reue zur Freude Gottes.‘[28]" [SYN]

Tätigkeiten Gottes

Das Bild, das Franziskus uns in seinen Texten zeigt, wird durch Tätigkeitswörter noch konkreter und zugleich akzentuierter. Selten sind es dunkle Worte.

Gott wird als der Kreative vorgestellt, der den Menschen formt [AL 221], Eheleute verbindet [AL 62], die Welt erschafft sowie die Menschen reich beschenkt – ein Geschenk, mit dem der Mensch behütend umgehen soll [LS 5]. Gott ist einer, der anvertraut, nämlich dem Menschen die Welt: „Eine zerbrechliche Welt mit einem Menschen, dem Gott sie zur Obhut anvertraut, appelliert an unsere Vernunft, um zu erkennen, wie wir unsere Macht orientieren, ausüben und beschränken müssten." [LS 78]

Wenn Franziskus gestützt auf die Heilige Schrift sagt, dass Gott droht [LS 70], dann zeigt es auch, dass Gott sein

28| Paul VI.: Homilie (23. Juni 1968): Insegnamenti VI (1968), 1177–1178.

Zorn reut [LS 71]. Aber der Gott des Papstes ist kein harmloser Gott. Den Stolzen tritt er entgegen [AL 98]. Gott hört den „Schrei der Armen“ (39 mal begegnen Wortverbindungen mit „schreien“, dreimal ausdrücklich der „Schrei der Armen“: EN 187, 191, 193).

„In der Erzählung von Kain und Abel sehen wir, dass die Eifersucht Kain dazu führte, das extreme Unrecht gegen seinen Bruder zu verüben. Das wiederum verursachte einen Bruch der Beziehung zwischen Kain und Gott sowie zwischen Kain und dem Land, aus dem er vertrieben wurde. Diese Textstelle ist in dem dramatischen Gespräch Gottes mit Kain zusammengefasst. Gott fragt: ‚Wo ist dein Bruder Abel?‘ Kain antwortet, er wisse es nicht, und Gott beharrt: ‚Was hast du getan? Das Blut deines Bruders schreit zu mir vom Ackerboden. So bist du verflucht, verbannt vom Ackerboden‘ (Gen 4,9–11). Die Unachtsamkeit in dem Bemühen, eine angemessene Beziehung zu meinem Nächsten zu pflegen und zu erhalten, für den ich sorgen und den ich behüten muss, zerstört meine innere Beziehung zu mir selbst, zu den anderen, zu Gott und zur Erde. Wenn alle diese Beziehungen vernachlässigt werden, wenn die Gerechtigkeit nicht mehr im Lande wohnt, dann – sagt uns die Bibel – ist das gesamte Leben in Gefahr. Das ist es, was uns die Erzählung von Noach lehrt, als Gott droht, die Menschheit zu vernichten wegen ihrer andauernden Unfähigkeit, entsprechend den Anforderungen von Gerechtigkeit und Frieden zu leben: ‚Ich sehe, das Ende aller Wesen aus Fleisch ist da; denn durch sie ist die Erde voller Gewalttat‘ (Gen 6,13). In diesen so alten, an tiefem Symbolismus überreichen Erzählungen war schon eine heutige Überzeugung enthalten: dass alles aufeinander bezogen ist und dass die echte Sorge für unser eigenes Leben und unsere Beziehungen zur Natur nicht zu trennen ist von der Brüderlichkeit, der Gerechtigkeit und der Treue gegenüber den anderen." [LS 70]

Gott richtet seinen Blick auf Maria [AL 171], aber auch auf Franziskus als Sünder – wie auf den Zöllner Zachäus [IV Spadaro]. Hoffnungen enttäuscht er nicht [IV Spadaro], alle Tränen wird er abwischen [AL 22]. Er bleibt in uns [AL 216].

Das sind Annäherungen an das Innerste Gottes. Alle diese einzelnen Bilder, Eigenschaften und Tätigkeiten kulminieren in der Aussage: Gott ist Erbarmen.

Gott ist Erbarmen

„Die Barmherzigkeit ist auch über die Grenzen der Kirche hinaus bedeutsam. Sie verbindet uns mit dem Judentum und dem Islam, für die sie eine der wichtigsten Eigenschaften Gottes darstellt." [MV 23]

Das Erbarmen ist in der Tat die Grundmelodie aller großen Religionen. Der Dalai-Lama wird als Bodhisattwa des Buddhas des Erbarmens bezeichnet. Jede Sure des Qur'an beginnt (mit einer Ausnahme) mit der Anrufung Allahs des Allerbarmers, was Papst Franziskus in Zeiten um sich greifender Islamfeindlichkeit[29] zu würdigen weiß:

29 | „In dieser Zeit gewinnt die Beziehung zu den Angehörigen des Islam große Bedeutung, die heute in vielen Ländern christlicher Tradition besonders gegenwärtig sind und dort ihren Kult frei ausüben und in die Gesellschaft integriert leben können. Nie darf vergessen werden, dass sie ‚sich zum Glauben Abrahams bekennen und mit uns den einen Gott anbeten, den barmherzigen, der die Menschen am Jüngsten Tag richten wird'. Die heiligen Schriften des Islam bewahren Teile der christlichen Lehre; Jesus Christus und Maria sind Gegenstand tiefer Verehrung, und es ist bewundernswert zu sehen, wie junge und alte Menschen, Frauen und Männer des Islam fähig sind, täglich dem Gebet Zeit zu widmen und an ihren religiösen Riten treu teilzunehmen. Zugleich sind viele von ihnen tief davon überzeugt, dass das eigene Leben in seiner Gesamtheit von

„Nie darf vergessen werden, dass sie [die Muslime] ‚sich zum Glauben Abrahams bekennen und mit uns den einen Gott anbeten, den barmherzigen, der die Menschen am Jüngsten Tag richten wird'." [EG 252]

Das Innerste Gottes, sein Mutterschoß – „rechem" – ist sein Erbarmen: Das hebräische Wort für Erbarmen hat die gleiche Sprachwurzel und lautet „rachamim". Im Gleichnis vom Erbarmen des Vaters mit seinen beiden verlorenen Söhnen erinnert Jesus sein Volk an dieses Bild von Gott – es ist bei Lukas gleichsam das „Evangelium im Evangelium" (Lk 15,11–32).

Allerdings sei es heute keineswegs leicht, von der Barmherzigkeit Gottes zu reden. Barmherzigkeit hat für manche Zeitgenossen einen herablassenden, feudalen Beigeschmack. Den Verdacht, dass die Rede vom Erbarmen dem heutigen Menschen fremd zu sein scheint, teilt Franziskus mit Johannes Paul II., den er diesbezüglich zitiert: „Die Mentalität von heute scheint sich vielleicht mehr als die der Vergangenheit gegen einen Gott des Erbarmens zu sträuben und neigt dazu, schon die Idee des Erbarmens aus dem Leben und aus den Herzen zu verdrängen. Das Wort und der Begriff ‚Erbarmen' scheinen den Menschen zu befremden" (Enzyklika Dives in misericordia [30. November 1980], 2) [SYN Fußnote 6].

Besonders befremdet es aber Papst Franziskus, dass auch Teile der Kirche die Barmherzigkeit nicht hoch genug einschätzen:

„Vielleicht haben wir [die Kirche] es für lange Zeit vergessen, auf den Weg der Barmherzigkeit hinzuweisen und ihn zu gehen. Auf der einen Seite hat die Versuchung, stets und

Gott kommt und für Gott ist. Ebenso sehen sie die Notwendigkeit, ihm mit ethischem Einsatz und mit Barmherzigkeit gegenüber den Ärmsten zu antworten." [EG 252]

allein die Gerechtigkeit zu fordern, uns vergessen lassen, dass diese nur der erste Schritt ist. Dieser Schritt ist zwar notwendig und unerlässlich, aber die Kirche muss darüber hinausgehen um eines höheren und bedeutungsvolleren Zieles willen. Auf der anderen Seite ist es traurig, ansehen zu müssen, wie die Erfahrung der Vergebung in unserer Kultur immer seltener wird. Sogar das Wort selbst scheint manchmal zu verschwinden.“ [MV 14]

Der Pastorensohn Friedrich Nietzsche lässt Gott sterben, weil er in seinem großen Mitleid das Elend des Menschen gesehen habe.[30] Ein katholischer Dogmatiker aus Deutschland vermerkte Ende der Neunzigerjahre in einer Rede mit Blick auf Nietzsches Ablehnung des Mitleids: „Ein Gott, der immer nur vergeben und lieben darf, verliert jede männliche Persönlichkeitsstruktur.“[31]

Solche Aussagen entmutigen aber Papst Franziskus nicht, diese Grundmelodie des Erbarmens in der katholischen Kirche neu ertönen zu lassen. Er weiß sich dabei eins mit seinen Vorgängern. Johannes Paul II. schrieb die aufrüttelnde Enzyklika „Dives in misericordia“ (1980). Er verehrte die Mystikerin des Erbarmens Sr. Faustina Kowalska; Papst Franziskus würdigt sie ausdrücklich [MV 24]. Den „Weißen Sonntag“ benannte Johannes Paul II. zum „Sonntag der Göttlichen Barmherzigkeit“ um.

Bei der Aufwertung der Barmherzigkeit im Leben und Wirken der Kirche kann sich Papst Franziskus auch auf die theologische Arbeit seines emeritierten Vorgängers Papst

30 | Nietzsche, Friedrich Wilhelm: Also sprach Zarathustra. Der hässlichste Mensch (Teil 4), 1883–1885.

31 | Es war Anton Ziegenaus, der diese befremdliche, ja letztlich häretische Aussage bei einer Rede vor Priestern formuliert hatte; hunderte Priester und einige Bischöfe haben applaudiert: Zulehner, Paul M.: Gott ist größer als unser Herz. Für eine Pastoral des Erbarmens, Ostfildern 2006.

Benedikt XVI.[32] berufen: „Die Barmherzigkeit ist in Wirklichkeit der Wesenskern der Botschaft des Evangeliums, sie ist der Name Gottes selbst… Alles, was die Kirche sagt und vollbringt, zeigt die Barmherzigkeit, die Gott dem Menschen entgegenbringt und somit jedem von uns. Wenn die Kirche die Aufmerksamkeit auf eine verkannte Wahrheit oder ein verratenes Gut lenkt, so tut sie dies stets beseelt von der barmherzigen Liebe, damit die Menschen das Leben haben und es in Fülle haben (vgl. Joh 10,10).“ [SYN]

Für Papst Franziskus ist es die Heilige Schrift, die bezeugt, dass Gott in seinem innersten Wesen lauteres Erbarmen ist: „Barmherzigkeit [ist] in der Heiligen Schrift das Schlüsselwort, um Gottes Handeln uns gegenüber zu beschreiben. Er beschränkt sich nicht darauf, seine Liebe zu beteuern, sondern er macht sie sichtbar und greifbar.“ [MV 11] Die Barmherzigkeit ist das „pulsierende Herz des Evangeliums“ [MV 12, AL 309]: „Der Vater, der ‚voll des Erbarmens‘ ist (Eph 2,4), der sich Mose als ‚barmherziger und gnädiger Gott, langmütig, reich an Huld und Treue‘ (Ex 34,6) offenbart, hat nie aufgehört, auf verschiedene Weise und zu verschiedenen Zeiten in der Geschichte seine göttliche Natur mitzuteilen.“ [MV 1]

Ein wichtiger Zeuge für den hohen Stellenwert der Barmherzigkeit ist dem Papst der mittelalterliche Theologe Thomas von Aquin. Gerade, weil Gott allmächtig sei, sei er barmherzig. Die Barmherzigkeit und die Allmacht sind zwei Seiten einer einzigen Medaille:

32 | „… als er [Benedikt XVI.] von der Macht der Barmherzigkeit spricht, sagt er: ‚Sie ist es, die dem Bösen eine Schranke setzt. In ihr drückt sich das ganz eigene Wesen Gottes aus – seine Heiligkeit, die Macht der Wahrheit und der Liebe‘ (Homilie am Sonntag der Göttlichen Barmherzigkeit [15. April 2007]: L'Osservatore Romano [dt.], 37. Jg., Nr. 6, S. 2; Insegnamenti III, 1 [2007], 667).“ [SYN Fußnote 7]

„‚Barmherzigkeit walten zu lassen, ist ein Wesensmerkmal Gottes. Gerade darin zeigt sich seine Allmacht.‘ Diese Worte des heiligen Thomas von Aquin zeigen, wie sehr die göttliche Barmherzigkeit eben nicht ein Zeichen von Schwäche ist, sondern eine Eigenschaft der Allmacht Gottes. Gerade deswegen betet die Liturgie in einem ihrer ältesten Tagesgebete: ‚Großer Gott, du offenbarst deine Macht vor allem im Erbarmen und im Verschonen.‘ Gott wird in der Geschichte der Menschheit immer gegenwärtig sein als der Nahe, der Vorsorgende, der Heilige und Barmherzige. Mit dem Wortpaar ‚geduldig und barmherzig‘ wird im Alten Testament häufig die Natur Gottes beschrieben. Seine Barmherzigkeit zeigt sich konkret in vielen Momenten der Heilsgeschichte, wo seine Güte letztlich über Strafe und Zerstörung siegt. Besonders die Psalmen bringen diese Größe im Handeln Gottes zum Ausdruck. Er ist es, ‚der dir all deine Schuld vergibt und all deine Gebrechen heilt, der dein Leben vor dem Untergang rettet und dich mit Huld und Erbarmen krönt‘ (Ps 103,3–4).“ [MV 6; auch EG 37]

Die Heilige Schrift bietet viele meditative Texte an, um „das barmherzige Antlitz Gottes wiederzuentdecken! Mit dem Propheten Micha können auch wir sagen: Du, Herr, bist ein Gott, der die Schuld verzeiht und das Unrecht vergibt. Du hältst nicht für immer fest an deinem Zorn; denn du liebst es, gnädig zu sein. Du, Herr, wirst wieder Erbarmen haben mit deinem Volk und unsere Schuld zertreten. Ja, du wirfst all unsere Sünden in die Tiefe des Meeres hinab (vgl. Mi 7,18–19).“ [MV 17]

„Das Heil, das Gott uns anbietet, ist ein Werk seiner Barmherzigkeit. Aus reiner Gnade zieht Gott uns an, um uns mit sich zu vereinen.“ [EG 112]

Jesus als Antlitz der Barmherzigkeit des Vaters

Wir Menschen können von uns aus, mit unserem begrenzten Erkenntnisvermögen, Gott nicht begreifen. Er hat uns aber sein Innerstes offenbart. Es ist sein Erbarmen, das uns in Jesus ansichtig wird. Für Papst Franziskus ist Jesus das „Antlitz der Barmherzigkeit des Vaters" [MV 1; 4; 24]. Die Bulle zum Heiligen Jahr des Erbarmens, das Papst Franziskus am 8.12.2015 für das Jahr 2015/16 ausrief, beginnt deshalb mit diesen lateinischen Worten „Misericordiae vultus": „In Jesus von Nazaret ist die Barmherzigkeit des Vaters lebendig und sichtbar geworden und hat ihren Höhepunkt gefunden." [MV 1] Er ist es, „der uns durch seinen Tod und seine Auferstehung die unendliche Barmherzigkeit des Vaters offenbart und mitteilt" [EG 164]. Und dies in vielfältiger Weise:

„In den Gleichnissen[33], die von der Barmherzigkeit handeln, offenbart Jesus die Natur Gottes als die eines Vaters, der nie aufgibt, bevor er nicht mit Mitleid und Barmherzigkeit die Sünde vergeben und die Ablehnung überwunden hat." [MV 9]

„Seine Zeichen, gerade gegenüber den Sündern, Armen, Ausgestoßenen, Kranken und Leidenden, sind ein Lehrstück der Barmherzigkeit. Alles in Ihm spricht von Barmherzigkeit. Nichts in Ihm ist ohne Mitleid." [MV 8]

„Er hat das Weinen der Eltern um ihre Kinder gehört, ihnen das Leben wiedergegeben (vgl. Mk 5,41; Lk 7,14–15) und so die wahre Bedeutung der Barmherzigkeit offenbart." [AL 64]

33 | Papst Franziskus verweist u.a. auf die Erzählung vom barmherzigen Samariter [Lk 10,25–37: MV 4, IV Spadaro] und vom verlorenen Sohn [Lk 15,1–32: MV 17; EG 46].

„Was Jesus in all diesen Situationen bewegte, war nichts anderes als die Barmherzigkeit, mit deren Hilfe er im Herzen seiner Gegenüber zu lesen verstand und die es ihm erlaubte, ihrem wahrhaftigsten Bedürfnis zu entsprechen." [MV 8]

„Sie [die zur Familiensynode Versammelten] gingen von dem Blick Jesu[34] aus und wiesen darauf hin, dass er ‚mit Liebe und Zärtlichkeit auf die Männer und Frauen geblickt [hat], die ihm begegneten; als er die Erfordernisse des Gottesreiches verkündete, hat er ihre Schritte mit Wahrheit, Geduld und Barmherzigkeit begleitet'." [AL 60]

Im Leben von Papst Franziskus spielt dieser erbarmungsvolle Blick Jesu eine gewichtige Rolle. Es ist jener Blick, mit dem Jesus nicht nur den Zöllner Zachäus angeschaut (Lk 19,5–10; AL 21) und dann erwählt hat. Auch er selbst hat diesen erbarmenden und erwählenden Blick bei seiner Wahl zum Papst verspürt, erzählt er wiederholt. Aus dieser Erfahrung ist sein Wahlspruch „miserando atque eligendo" erwachsen:

„Ja, aber die beste Zusammenfassung, die mir aus dem Innersten kommt und die ich für die zutreffendste halte, lautet: ‚Ich bin ein Sünder, den der Herr angeschaut hat.' Und er wiederholt: ‚Ich bin einer, der vom Herrn angeschaut wird. Meinen Wahlspruch Miserando atque eligendo habe ich immer als sehr zutreffend für mich empfunden.'" [IV Spadaro]

34 | „Der geliebte Mensch verdient die ganze Aufmerksamkeit. Jesus war dafür ein Vorbild, denn wenn jemand auf ihn zukam, um mit ihm zu sprechen, nahm er ihn in den Blick und schaute ihn mit Liebe an (vgl. Mk 10,21). Niemand fühlte sich in seiner Gegenwart außer Acht gelassen, weil seine Worte und seine Gesten ein Ausdruck dieser Frage waren: ‚Was soll ich dir tun?' (Mk 10,51)."

„Auch die Berufung des Matthäus geschieht vor dem Horizont der Barmherzigkeit. Als Jesus an der Zollstelle vorbeikommt, fällt sein Blick auf Matthäus. Es ist ein Blick voller Barmherzigkeit, der die Sünden dieses Mannes vergab. Gegen den Widerstand der anderen Jünger wählt Er ihn, den Sünder und Zöllner, und macht ihn zu einem der Zwölf. Der heilige Beda Venerabilis schrieb in seinem Kommentar zu dieser Stelle des Evangeliums, dass Jesus den Matthäus mit barmherziger Liebe anschaute und erwählte: miserando atque eligendo. Dieses Wort hat mich so sehr beeindruckt, dass ich es zu meinem Wahlspruch machte." [MV 8]

Barmherzigkeit überbietet Gerechtigkeit

In den Diskussionen um eine Pastoral des Erbarmens, wie sie Papst Franziskus nicht zuletzt im Umkreis von Scheidung und Wiederheirat entfaltet, wurde von manchen ein unversöhnlicher Gegensatz zwischen Gottes Barmherzigkeit und Gottes Gerechtigkeit beschworen. Die Gerechtigkeit sei es, die der Barmherzigkeit eine deutliche Grenze setze. Dem Papst wurde vorgeworfen, unter Berufung auf die Barmherzigkeit Gottes zu verschleiern, dass Gott die Welt richte. Die Barmherzigkeit der katholischen Kirche gegenüber Geschiedenen, die gegen den erklärten Willen der Kirche wieder geheiratet haben, würde die Lehre der Kirche über die Unauflöslichkeit der Ehe untergraben. Sie fordern daher die Achtung von Lehre und Gesetz und wehren sich – auch öffentlich – gegen die vermeintlich zu weiche, nachgiebige, zu mütterliche Haltung des Papstes, die in seinem Plädoyer für Barmherzigkeit sichtbar werde. Sie befürchten einen Verrat der Ideale des Evangeliums, eine gefährliche Anpassung an den Zeitgeist.

Der Papst nimmt diese Einwände sehr ernst. Zwar irritieren sie ihn. Mit Jesus kritisiert er solche zeitgenössischen Gesetzeslehrer: „Diese legten in ihrer Gesetzestreue den Menschen lediglich Lasten auf die Schultern, blendeten aber die Barmherzigkeit des Vaters aus." [MV 21] Seine Kritiker greift er sogar frontal an:

„Die Erfahrung der Synode hat uns auch besser begreifen lassen, dass die wahren Verteidiger der Lehre nicht jene sind, die den Buchstaben verteidigen, sondern die, welche den Geist verteidigen; die nicht die Ideen, sondern den Menschen verteidigen; nicht die Formeln, sondern die Unentgeltlichkeit der Liebe Gottes und seiner Vergebung. Das bedeutet keineswegs, die Bedeutung der Formeln – sie sind notwendig! –, der Gesetze und der göttlichen Gebote zu schmälern, sondern die Größe des wahren Gottes zu preisen, der an uns nicht nach unseren Verdiensten und auch nicht nach unseren Werken, sondern einzig nach dem unbegrenzten Großmut seiner Barmherzigkeit handelt (vgl. Röm 3,21–30; Ps 130; Lk 11,37–54). Es bedeutet, die ständigen Versuchungen des älteren Bruders (vgl. Lk 15,25–32) oder der eifersüchtigen Arbeiter (vgl. Mt 20,1–16) zu überwinden. Ja, es bedeutet, die Gesetze und die Gebote, die für den Menschen geschaffen sind und nicht umgekehrt (vgl. Mk 2,27), noch mehr zur Geltung zu bringen." [SYN]

Angesichts solcher Einwände ist verständlich, dass Papst Franziskus ausführlich das empfindsame Verhältnis von Barmherzigkeit und Gerechtigkeit reflektiert. Sein Ziel: Man muss „verstehen, wie weit die Barmherzigkeit geht" [MV 21, 24]:

„Es ist nicht sinnlos, in diesem Zusammenhang auf die Beziehung zwischen Gerechtigkeit und Barmherzigkeit hinzuweisen. Es handelt sich dabei nicht um zwei gegensätzliche Aspekte, sondern um zwei Dimensionen einer einzigen Wirklichkeit, die sich fortschreitend entwickelt, bis sie ihren Höhepunkt in der Fülle der Liebe erreicht hat. Die Gerechtigkeit ist ein grundlegendes Konzept der Zivilgesellschaft, in der man sich normalerweise auf eine Rechtsordnung bezieht, in deren Rahmen das Gesetz angewendet wird. Unter Gerechtigkeit versteht man auch, dass einem jeden das gegeben werden muss, was ihm zusteht. In der Bibel spricht man vielfach von der Gerechtigkeit Gottes und von Gott als Richter. Dabei wird sie gemeinhin verstanden als die Beachtung des gesamten Gesetzes und das Verhalten eines jeden guten Israeliten gemäß dem göttlichen Gebot. Diese Sichtweise hat aber nicht selten zu einem Legalismus geführt, indem man den ursprünglichen Sinn verfälscht und den tiefen Sinn der Gerechtigkeit verdunkelt hat. Um eine legalistische Sichtweise zu überwinden, ist es notwendig, sich daran zu erinnern, dass in der Heiligen Schrift die Gerechtigkeit hauptsächlich als ein sich völliges und vertrauensvolles Überlassen in den Willen Gottes verstanden wird." [MV 20]

Papst Franziskus lässt keinen Zweifel aufkommen, dass es einen Primat der Barmherzigkeit[35] [MV 20] gibt. Zudem sei die Gerechtigkeit Gottes nicht mit unseren weltlichen Vorstellungen von Gerechtigkeit gleichzusetzen.

35 | „Der Hinweis Jesu auf den Text des Propheten Hosea – ‚Liebe will ich, nicht Schlachtopfer' (Hos 6,6) – ist in diesem Zusammenhang sehr bedeutsam. Jesus betont, dass von nun an der Primat der Barmherzigkeit die Lebensregel seiner Jünger ist, so wie er es selbst bezeugt hat, als er mit den Sündern zu Tisch saß. Die Barmherzigkeit wird noch einmal als die grundlegende Dimension der Sendung Jesu aufgezeigt. Das ist eine wirkliche Herausforderung für seine Gegenüber, die bei einer formalen Beachtung des Gesetzes stehen blieben. Jesus geht dagegen über das Gesetz hinaus. Dass er Gemeinschaft hat mit denen, die nach dem Gesetz Sünder waren, lässt verstehen, wie weit die Barmherzigkeit geht." [MV 20]

„Wenn Gott bei der Gerechtigkeit stehen bliebe, dann wäre er nicht mehr Gott, sondern vielmehr wie die Menschen, die die Beachtung des Gesetzes einfordern. Die Gerechtigkeit alleine genügt nicht und die Erfahrung lehrt uns, dass wer nur an sie appelliert, Gefahr läuft, sie sogar zu zerstören. Darum überbietet Gott die Gerechtigkeit mit der Barmherzigkeit und der Vergebung. Das bedeutet keinesfalls, die Gerechtigkeit unterzubewerten oder sie überflüssig zu machen. Ganz im Gegenteil. Wer einen Fehler begeht, muss die Strafe verbüßen. Aber dies ist nicht der Endpunkt, sondern der Anfang der Bekehrung, in der man dann die Zärtlichkeit der Vergebung erfährt. Gott lehnt die Gerechtigkeit nicht ab. Er stellt sie aber in einen größeren Zusammenhang und geht über sie hinaus, sodass man die Liebe erfährt, die die Grundlage der wahren Gerechtigkeit ist. Wir müssen sehr genau hinschauen auf das, was Paulus schreibt, damit wir nicht genau in den Fehler verfallen, den der Apostel bei seinen jüdischen Zeitgenossen kritisiert: ‚Da sie die Gerechtigkeit Gottes verkannten und ihre eigene aufrichten wollten, haben sie sich der Gerechtigkeit Gottes nicht unterworfen. Denn Christus ist das Ende des Gesetzes, und jeder, der an ihn glaubt, wird gerecht' (Röm 10,3–4). Diese Gerechtigkeit Gottes ist die Barmherzigkeit, die allen als Gnade geschenkt wird kraft des Todes und der Auferstehung Jesu Christi. Das Kreuz ist also das Urteil Gottes über uns alle und die Welt, denn es schenkt uns die Gewissheit der Liebe und des neuen Lebens." [MV 21]

Der Papst folgert aus seinen grundlegenden Reflexionen zum Verhältnis von Gerechtigkeit und Barmherzigkeit:

„Die Barmherzigkeit steht also nicht im Gegensatz zur Gerechtigkeit. Sie drückt vielmehr die Haltung Gottes gegenüber dem Sünder aus, dem Er eine weitere Möglichkeit zur Reue, zur Umkehr und zum Glauben anbietet. Die Erfahrung des Propheten Hosea kommt uns zu Hilfe, um zu zeigen, wie die Gerechtigkeit in Richtung der Barmherzigkeit überboten wird." [MV 21]

„Der heilige Augustinus sagt gleichsam als Kommentar zu diesem Wort des Propheten: ‚Es ist leichter, dass Gott seinen Zorn zurückhält als seine Barmherzigkeit.' Das stimmt. Gottes Zorn dauert einen Augenblick, seine Barmherzigkeit dagegen währt ewig." [MV 21]

Barmherzigkeit fördert Gerechtigkeit

Das Verhältnis von Barmherzigkeit und Gerechtigkeit hat aber bei Franziskus noch eine gänzlich andere Dimension. Anders als manche befürchten, schafft die Barmherzigkeit Gerechtigkeit nicht nur nicht ab, sondern setzt solche auch frei. So kann er die Menschen zugleich „zur Gerechtigkeit und zur Barmherzigkeit gegenüber dem Armen auffordern" [EG 194].

Jetzt ist freilich nicht von der Gerechtigkeit Gottes die Rede, sondern von der Gerechtigkeit im Leben und Zusammenleben der Menschen in der einen Menschheit und in dem einen Welthaus.

Es ist ein Moment der Barmherzigkeit Gottes, dass ihm vor allem die Armen am Herzen liegen. Er hört den Schrei der Armen, die der Papst manchmal auch Armgemachte nennt. Die Armen sind „die Bevorzugten der göttlichen Barmherzigkeit" [MV 15]. In Evangelii gaudium, seiner Regierungserklärung, legt der lateinamerikanische Papst eine kompakte „Theologie der Befreiung"[36] vor.

36| Papst Franziskus gehört jener befreiungstheologischen Schule an, die sich nicht auf die Gesellschaftsanalyse von Karl Marx stützt. Jene wurde

„Im Herzen Gottes gibt es einen so bevorzugten Platz für die Armen, dass er selbst ‚arm wurde' (2 Kor 8,9). Der ganze Weg unserer Erlösung ist von den Armen geprägt. Dieses Heil ist zu uns gekommen durch das ‚Ja' eines demütigen Mädchens aus einem kleinen, abgelegenen Dorf am Rande eines großen Imperiums. Der Retter ist in einer Krippe geboren, inmitten von Tieren, wie es bei den Kindern der Ärmsten geschah; zu seiner Darstellung im Tempel wurden zwei Turteltauben dargebracht, das Opfer derer, die sich nicht erlauben konnten, ein Lamm zu bezahlen (vgl. Lk 2,24; Lev 5,7); er ist in einem Haus einfacher Handwerker aufgewachsen und hat sich sein Brot mit seiner Hände Arbeit verdient. Als er mit der Verkündigung des Gottesreichs begann, folgten ihm Scharen von Entrechteten, und so zeigte sich, was er selbst gesagt hatte: ‚Der Geist des Herrn ruht auf mir; denn der Herr hat mich gesalbt. Er hat mich gesandt, damit ich den Armen eine gute Nachricht bringe' (Lk 4,18). Denen, die unter der Last von Leid und Armut lebten, versicherte er, dass Gott sie im Zentrum seines Herzens trug: ‚Selig, ihr Armen, denn euch gehört das Reich Gottes' (Lk 6,20); mit ihnen identifizierte er sich: ‚Ich war hungrig, und ihr habt mir zu essen gegeben' und lehrte, dass die Barmherzigkeit ihnen gegenüber der Schlüssel zum Himmel ist (vgl. Mt 25,35f). 198. Für die Kirche ist die Option für die Armen in erster Linie eine theologische Kategorie und erst an zweiter Stelle eine kulturelle, soziologische, politische oder philosophische Frage. Gott gewährt ihnen ‚seine erste Barmherzigkeit'. Diese göttliche Vorliebe hat Konsequenzen im Glau-

deshalb unter Johannes Paul II. und Joseph Ratzinger als Präfekt der Glaubenskongregation kritisiert. Franziskus zählt sich vielmehr zu jener Schule, in der das Volk eine Schlüsselrolle spielt. (Kardinal Walter Kasper bei einem Vortrag an der Universität Wien) bensleben aller Christen, die ja dazu berufen sind, so gesinnt zu sein wie Jesus (vgl. Phil 2,5). Von ihr inspiriert, hat die Kirche eine Option für die Armen gefällt, die zu verstehen ist als ‚besonderer Vorrang in der Weise, wie die christliche Liebe ausgeübt wird; eine solche Option wird von der ganzen Tradition der Kirche bezeugt'. Diese Option, lehrte Benedikt XVI., ist ‚im christologischen Glauben an jenen Gott implizit enthalten, der für uns arm geworden ist, um uns durch seine Armut reich zu machen'. Aus diesem Grund wünsche ich mir eine arme Kirche für die Armen. Sie haben uns vieles zu lehren. Sie haben nicht nur Teil am sensus fidei, sondern kennen außerdem dank ihrer eigenen Leiden den leidenden Christus. Es ist nötig, dass wir alle uns von ihnen evangelisieren lassen. Die neue Evangelisierung ist eine Einladung, die heilbringende Kraft ihrer Leben zu erkennen und sie in den Mittelpunkt des Weges der Kirche zu stellen. Wir sind aufgerufen, Christus in ihnen zu entdecken, uns zu Wortführern ihrer Interessen zu machen, aber auch ihre Freunde zu sein, sie anzuhören, sie zu verstehen und die geheimnisvolle Weisheit anzunehmen, die Gott uns durch sie mitteilen will." [EG 197]

Diese Option für die Armgehaltenen hat eine politische Dimension. Die Strukturen des Unrechts sind durch umsichtiges wirtschaftspolitisches Handeln zu heilen.

„Unser Einsatz besteht nicht ausschließlich in Taten oder in Förderungs- und Hilfsprogrammen; was der Heilige Geist in Gang setzt, ist nicht ein übertriebener Aktivismus, sondern vor allem eine aufmerksame Zuwendung zum anderen, indem man ihn ‚als eines Wesens mit sich selbst betrachtet'. Diese liebevolle Zuwendung ist der Anfang einer wahren Sorge um seine Person, und von dieser Basis aus bemühe ich mich dann wirklich um sein Wohl. Das schließt ein, den

Armen in seinem besonderen Wert zu schätzen, mit seiner Wesensart, mit seiner Kultur und mit seiner Art, den Glauben zu leben. Die echte Liebe ist immer kontemplativ, sie erlaubt uns, dem anderen nicht aus Not oder aus Eitelkeit zu dienen, sondern weil es schön ist, jenseits des Scheins. ‚Auf die Liebe, durch die einem der andere Mensch angenehm ist, ist es zurückzuführen, dass man ihm unentgeltlich etwas gibt.' Der Arme wird, wenn er geliebt wird, ‚hochgeschätzt', und das unterscheidet die authentische Option für die Armen von jeder Ideologie, von jeglicher Absicht, die Armen zugunsten persönlicher oder politischer Interessen zu gebrauchen. Nur das macht es möglich, ‚dass sich die Armen in jeder christlichen Gemeinde wie zu Hause' fühlen." [EG 199]

Die Option für die Armen konkretisiert sich nach Franziskus auch in den vielfältigen Werken der Barmherzigkeit. Franziskus ruht nicht, die Menschen ganz konkret „zur Gerechtigkeit und zur Barmherzigkeit gegenüber dem Armen" aufzufordern [EG 194].

Werke der Barmherzigkeit

Aber nicht nur die Kirche soll in ihrem pastoralen Tun das Erbarmen Gottes erfahrbar machen. Solches Tun setzt freilich voraus, dass man zuvor wie Gott hinsieht und hinhört (vgl. Ex 3,7–10), damit unser Herz berührt, ja erschüttert wird:

„An jedem Ort und bei jeder Gelegenheit sind die Christen, ermutigt von ihren Hirten, aufgerufen, den Schrei der Armen zu hören." [EG 191]

„Der Aufruf, auf den Schrei der Armen zu hören, nimmt in uns menschliche Gestalt an, wenn uns das Leiden anderer zutiefst erschüttert." [EG 193]

„Das ist der Augenblick, um sich im Herzen anrühren zu lassen. Angesichts des begangenen Übels, auch angesichts schwerer Verbrechen, ist der Zeitpunkt gekommen, das Weinen der unschuldigen Menschen zu hören, die man ihrer Güter, ihrer Würde, der Zuneigung oder gar des Lebens selbst beraubt hat." [MV 19]

Wer erschüttert ist, wird, einer alten Tradition folgend, die „Werke leiblicher und geistlicher Barmherzigkeit" tun. Dazu ermuntert Papst Franziskus die Familien [AL 290]. Er weitet dann seinen dringlichen Wunsch an alle, die in der Jesusnachfolge leben. Eindringlich bittet er, die Feier des Jahres der Barmherzigkeit zu nutzen, um sich selbst in ein barmherziges Fühlen, Denken und Tun einzuüben. Gestützt auf die Heilige Schrift (Hos 6,6; Mt 9,13; 12,7) erinnert er daran, dass das Tun der Barmherzigkeit Gott mehr gefällt als alle Opfer: „Deshalb ist das Erbarmen, durch das wir dem Elend der anderen zu Hilfe kommen, ein Opfer, das ihm wohlgefälliger ist, weil es dem Nutzen des Nächsten näherkommt." [EG 39]

Der Papst bietet einen Gewissensspiegel zu solchem Tun des Erbarmens an. Wer ihn liest, kann erkennen, wie weit er, wie weit sie persönlich der unausweichlichen Herausforderung gerecht wird, die darin besteht, dass sie in allen Erbarmungswürdigen dem auferstandenen Christus begegnen, und wenn sie die Liebe tun, gerettet werden: Denn, so der Papst später in der Enzyklika Laudato si', zum christlichen Glauben gehört das „Bewusstsein, dass jedes Geschöpf etwas von Gott widerspiegelt und eine Botschaft hat, die uns etwas lehren kann, oder die Gewissheit, dass Christus diese materielle Welt in sich aufgenommen hat und jetzt als Auferstandener im Innersten eines jeden Wesens wohnt, es mit seiner Liebe umhüllt und mit seinem Licht durchdringt". [LS 221]

Hier die längere Passage zu den Werken der Barmherzigkeit mit dem konkreten Gewissensspiegel:

„Es ist mein aufrichtiger Wunsch, dass die Christen während des Jubiläums über die leiblichen und geistigen Werke der Barmherzigkeit nachdenken. Das wird eine Form sein, unser Gewissen, das gegenüber dem Drama der Armut oft eingeschlafen ist, wachzurütteln und immer mehr in die Herzmitte des Evangeliums vorzustoßen, in dem die Armen die Bevorzugten der göttlichen Barmherzigkeit sind. Die Verkündigung Jesu nennt uns diese Werke der Barmherzigkeit, damit wir prüfen können, ob wir als seine Jünger leben oder eben nicht. Entdecken wir erneut die leiblichen Werke der Barmherzigkeit: Hungrige speisen, Durstigen zu trinken geben, Nackte bekleiden, Fremde aufnehmen, Kranke pflegen, Gefangene besuchen und die Toten begraben. Und vergessen wir auch nicht die geistigen Werke der Barmherzigkeit: den Zweifelnden recht raten, die Unwissenden lehren, die Sünder zurechtweisen, die Betrübten trösten, Beleidigungen verzeihen, die Lästigen geduldig ertragen und für die Lebenden und Verstorbenen zu Gott beten.

Wir können uns nicht den Worten des Herrn entziehen, auf deren Grundlage wir einst gerichtet werden: Haben wir dem Hungrigen zu essen gegeben und dem Durstigen zu trinken? Haben wir Fremde aufgenommen und Nackte bekleidet? Hatten wir Zeit, um Kranke und Gefangene zu besuchen? (vgl. Mt 25,31–45). Genauso werden wir gefragt werden, ob wir geholfen haben, den Zweifel zu überwinden, der Angst schüren und oft auch einsam machen kann. Waren wir fähig, die Unwissenheit zu besiegen, in der Millionen Menschen leben, besonders die Kinder, denen es an der notwendigen Hilfe fehlt, um der Armut entrissen zu werden? Waren wir denen nahe, die einsam und bekümmert sind? Haben wir denen vergeben, die uns beleidigt haben, und jede Art von Groll und Hass abgewehrt, die zur Gewalt führen? Hatten wir Geduld nach dem Beispiel Gottes, der selbst so geduldig mit uns ist? Und schlussendlich, haben wir unsere Schwestern und Brüder im Gebet dem Herrn anvertraut? In einem jeden dieser ‚Geringsten' ist Christus gegenwärtig. Sein Fleisch wird erneut sichtbar in jedem gemarterten, verwundeten, gepeitschten, unterernährten, zur Flucht gezwungenen Leib ..., damit wir Ihn erkennen, Ihn berühren, Ihm sorgsam beistehen. Vergessen wir nicht die Worte des heiligen Johannes vom Kreuz: ‚Am Abend unseres Lebens werden wir nach der Liebe gerichtet werden.'[12]." [MV 15]

Kirche: Wie der Vater werden

„Jesus stellt fest, dass Barmherzigkeit nicht nur eine Eigenschaft des Handelns Gottes ist. Sie wird vielmehr auch zum Kriterium, an dem man erkennt, wer wirklich seine Kinder sind." [MV 9] Das beflügelt Papst Franziskus, die Grundmelodie des Erbarmens Gottes in der Kirche – deutlicher als bisher – erklingen zu lassen. Ein Instrument dazu war für Papst Franziskus das Jubiläumsjahr des Erbarmens mit den reichen meditativen Ausführungen in der Eröffnungsbulle Misericordiae vultus („Das Antlitz der Barmherzigkeit"). Dort verpflichtet er die Kirche zu einem Handeln, das Maß nimmt am Erbarmen Gottes. Das gilt in erster Linie für diejenigen, die in der Kirche einen Dienst wahrnehmen:

„Die Diener der Kirche müssen barmherzig sein, sich der Menschen annehmen, sie begleiten – wie der gute Samariter, der seinen Nächsten wäscht, reinigt, aufhebt." [IV Spadaro]

Es ist aber die ganze Kirche, die, wie schon der zeitgenössische Mystiker Henri Nouwen[37] es formuliert hat, „wie der Vater werden" soll. Daher auch das Leitwort des Jahres der Barmherzigkeit:

„Barmherzig wie der Vater ist also das Leitwort des Heiligen Jahres. In der Barmherzigkeit haben wir den Nachweis, wie Gott liebt. Er gibt sich selbst ganz hin, für immer, als Geschenk, ohne etwas als Gegenleistung zu erbitten. Er kommt uns zu Hilfe, wenn wir ihn darum bitten." [MV 14]

Ein Tor des Petersdomes wurde zur Heiligen Pforte des Erbarmens gemacht: „Wenn wir die Heilige Pforte durchschreiten, lassen wir uns umarmen von der Barmherzigkeit Gottes und verpflichten uns, barmherzig zu unseren Mitmenschen zu sein, so wie der Vater es zu uns ist." [MV 14]

Zu einer solchen barmherzigen Pastoral findet die Kirche, wenn sie die Barmherzigkeit Gottes in die Mitte stellt. Deshalb ermutigt er:

„Dieses Geheimnis der Barmherzigkeit gilt es stets neu zu betrachten. Es ist Quelle der Freude, der Gelassenheit und des Friedens. Es ist Bedingung unseres Heils. Barmherzigkeit – in diesem Wort offenbart sich das Geheimnis der Allerheiligsten Dreifaltigkeit. Barmherzigkeit ist der letzte und endgültige Akt, mit dem Gott uns entgegentritt. Barmherzigkeit ist das grundlegende Gesetz, das im Herzen eines jeden Menschen ruht und den Blick bestimmt, wenn er aufrichtig auf den Bruder und die Schwester schaut, die ihm auf dem Weg des Lebens begegnen. Barmherzigkeit ist der Weg, der Gott und Mensch vereinigt, denn sie öffnet das Herz für die Hoffnung, dass wir, trotz unserer Begrenztheit aufgrund unserer Schuld, für immer geliebt sind." [MV 2]

37 | Nouwen, Henri: Nimm sein Bild in Dein Herz, Freiburg 1991.

Teil 2: Wie der Vater werden

Liest man die vorliegenden Texte des Papstes quer, dann findet sich in ihnen wie ein roter Faden das Konzept einer Pastoral des Erbarmens. In dieser verschiebt Papst Franziskus die Akzente der gesamten Pastoralkultur. Solche Akzentverschiebungen werden nunmehr im zweiten Teil anhand der analysierten Texte herausgeschält. Sie machen das Neue und Revolutionäre an der Pastoral des Erbarmens ansichtig – obgleich das „Neue“ letztlich das verlorene und wiedergefundene „Alte“ darstellt.

Von der Sünde zur Wunde

Die erste hier meditierte Akzentverschiebung ist jene von der Sünde zur Wunde.

Von der Sünde

Ich bin ein Sünder

Man kann Papst Franziskus eine Entfremdung weder vom Sündenbewusstsein noch von der Beichte nachsagen. Öffentlich bekennt er: „Ich bin ein Sünder.“ [IV Spadaro 3x; IV ZEIT] Er beklagt sich sogar, man gestehe ihm „nicht zu, ein fehlbarer Sünder zu sein“ [IV ZEIT]. Solchen Menschen ruft er zu:

„Ich bin Sünder und bin fehlbar, und wir dürfen nicht vergessen, dass die Idealisierung eines Menschen stets auch eine unterschwellige Art der Aggression ist. Wenn ich idealisiert werde, fühle ich mich angegriffen.“ [IV ZEIT]

Mit diesem öffentlichen Bekenntnis, ein Sünder zu sein, wertet er sich keinesfalls nicht ab. Vielmehr bringt er damit sein Staunen über Gottes barmherzige Vergebungsbereitschaft zum Ausdruck. Der Mensch, so seine eindringliche Botschaft, verliert bei Gott als Sünder nie sein Ansehen. Er beruft sich dabei auf seine eigene Lebenserfahrung: Dass Gott ihn zum Papst erwählte, ihn den Sünder, habe damit zu tun, dass Gott ihn „angesehen" und damit „Ansehen" gegeben habe. Diese tiefinnere Erfahrung zu formulieren, hat ihm der heilige Beda Venerabilis erleichtert, der in einer Predigt über die Berufung des Zöllners Matthäus ausführte: Als Jesus ihn „anblickte und erwählte, sagte er zu ihm: Folge mir!" [IV Spadaro; MV 8, 20; AL 21[38]]. Mehrmals wendet der Papst in den analysierten Texten diese biblische Begebenheit auf sich selbst an: „Siehe, das bin ich: ein Sünder, den der Herr angeschaut hat." [IV Spadaro]

Eine kleine Theologie der Sünde

Wenn Papst Franziskus über Sünde spricht, dann immer im Umkreis von Gnade. Der Blick des Glaubens ist „fähig, das Licht zu erkennen, das der Heilige Geist immer inmitten der Dunkelheit verbreitet. Er vergisst nicht, dass ‚wo die Sünde mächtig wurde, die Gnade übergroß geworden ist' (Röm 5,20)" [EG 84]. Sünde und Gnade sind zwei Seiten ein und derselben Wirklichkeit. So kann Papst Franziskus beispielsweise im ZEIT-Interview formulieren: „Alle Eltern sind Sünder in der Gnade Gottes." [IV ZEIT] Gnade aber ist das Ansehen, dass der Mensch bei Gott hat: [39] „Er hat angesehen

38 | „Er trifft sich mit Zöllnern wie Matthäus (vgl. Mt 9,9–13; Lk 5,27–32) und Zachäus (vgl. Lk 19,5–10) in deren Häusern und sogar mit Sünderinnen wie der Frau, die in das Haus des Pharisäers eindringt (vgl. Lk 7,36–50)." [AL 21]

39 | Hensel, Gerhard/Limbeck, Meinrad: Zu neuem Ansehen, Stuttgart 1981.

seine niedrige Magd!“, so die Frau, welche uns Vorbild im Glauben ist.

Daraus folgert der Papst: Wenn wir die „Gnade wahrnehmen, die uns verwandelt, merken wir auch, wie sehr uns die Kraft der Sünde bestimmt“ [MV 22]. Die „Wahrnehmung der Sünde wird angesichts der ungeschuldeten Liebe Jesu erwachen“ [AL 64].

Ein Anliegen des Papstes ist es, immer im Umkreis des vergebenden Erbarmens Gottes, eine heilsame Empfindsamkeit der Menschen für die Sünde und damit zu einer heilsamen, weil unverstellten Selbsterkenntnis zu mehren. Das betrifft zunächst die eigene Kirche. Die Sünden in der Kirche übersieht er nicht. Diese haben zu einer schweren Beeinträchtigung des Vertrauens der Menschen in sie geführt. Er möchte dieses Vertrauen wiedergewinnen:

„Guadagnare – gewinnen: in Demut das Vertrauen in die Kirche, das aufgrund des Verhaltens und der Sünden ihrer eigenen Kinder ernstlich geschwunden ist, zurückgewinnen und wieder aufbauen; leider haben das negative Zeugnis und die Skandale, die von einigen Klerikern innerhalb der Kirche verübt wurden, ihre Glaubwürdigkeit verletzt und den Glanz ihrer Heilsbotschaft verdunkelt.“ [SYN]

Zur kleinen Theologie der Sünde bei Franziskus gehört, was er über das Verhältnis Gottes zu den Sündern schreibt. „Mein Herr ist ein Herr der Sünder, nicht der Gerechten – auch der Gerechten, aber die Sünder liebt er mehr.“ [IV ZEIT]

Franziskus glaubt an einen Gott, der vergibt. Dieser „wirft unsere Sünden in die Tiefe des Meeres hinab“ [LS 193]. „Gott ist größer als die Sünde“ [IV Spadaro]. Er rettet „um den Preis des Blutes… als wir noch Sünder waren (vgl. Röm 5,6)“ [SYN]. Und obwohl der Sohn Gottes gegen die Sünde gekämpft hat, hat er „nie einen Sünder zurückgewiesen" [MV 19]. Mit Sündern hat er gegessen und getrunken (Mk 2,16) [EG 269, AL 298]. Sein Blick ging über die Schwächen und Sünden des Volkes hinaus [EG 141]. Am Kreuz hat „Jesus in seinem Fleisch die dramatische Begegnung zwischen der Sünde der Welt und dem Erbarmen Gottes erlitten" [EG 285].

So konnte uns Christus befreien „von der Sünde, von der Traurigkeit, von der inneren Leere und von der Vereinsamung" [AL 200, EN 1]. Er hat Sünde und den Tod besiegt [EG 275]. „Alles [hat er] in sich versöhnt und den Menschen von der Sünde befreit" [AL 71].

Persönliche Sünden

Papst Franziskus kennt zwei Grundarten von Sünden: persönliche und gesellschaftliche. Auf persönliche Sünden kommt der Papst relativ knapp in seinem Schreiben über die Freude der Liebe zu sprechen. Eheleute mahnt er: „Lasst euch durch den Zorn nicht zur Sünde hinreißen! Die Sonne soll über eurem Zorn nicht untergehen (Eph 4,26)." [AL 104] Einfühlsam macht er sie darauf aufmerksam, dass die „Sünde die Beziehung der Liebe und der Reinheit zwischen Mann und Frau in eine Herrschaft verwandelt" [AL 19]. Solche dunkle Herrschaft kann eine Beziehung so sehr zerstören, dass ein Zusammenbleiben nicht mehr möglich erscheint:

„Man muss zugeben, ‚dass es Fälle gibt, in denen die Trennung unvermeidlich ist. Manchmal kann sie sogar moralisch notwendig werden, wenn es darum geht, den schwächeren Ehepartner oder die kleinen Kinder vor schlimmeren Verletzungen zu bewahren, die von Überheblichkeit und Gewalt, von Demütigung und Ausbeutung, von Nichtachtung und Gleichgültigkeit verursacht werden'. Sie muss jedoch ‚als ein äußerstes Mittel angesehen werden, nachdem jeder andere vernünftige Versuch sich als vergeblich erwiesen hat'." [AL 241]

Gesellschaftliche Sünden

Mehr als persönliche Sünden beschäftigen den Papst soziale Sünden. Mit kritischem Blick analysiert er gesellschaftliche und wirtschaftliche Verhältnisse. Korruption verwirft er, Diffamierung[40] hält er für eine schwere Sünde. Zumal in seiner Enzyklika über die Sorge um die Mitwelt verlagert sich der Akzent unübersehbar von persönlichen zu sozialen Sünden. Das liegt nicht nur am „politischen Thema" der Umweltenzyklika, sondern auch an der befreiungstheologischen Grundoption von Papst Franziskus. Im gesellschaftlichen Bereich sieht er – seit der Sünde Kains – den Geist des Bösen am Werk:

„Die erste böse Tat wird von seinem [i.e. Adams] Sohn Kain begangen. Kain handelt nicht aus Schwäche, sondern aus Eifersucht, Neid und Herrschsucht. Das ist die Schlechtigkeit des Krieges, der wir bei all denen begegnen, die töten, morden oder Waffen herstellen. Hier ist der Geist des Bösen am Werk." [IV ZEIT]

Kains Brudermord zählt zu den „himmelschreienden Sünden". Des Papstes Ordenskollege Petrus Canisius[41] hatte diese in seinem berühmten Katechismus von 1560 in einem Zweizeiler zusammengestellt:

„Clamitat ad coelum vox sanquinis et Sodomorum, vox oppressorum et merces detenta laborum."

40 | „Oftmals wird vergessen, dass die Diffamierung eine schwere Sünde sein kann, eine ernste Beleidigung Gottes, wenn sie den guten Ruf der anderen ernstlich verletzt und ihnen Schäden zufügt, die sehr schwer wiedergutzumachen sind." [AL 112]

41 | Canisius, Petrus: Catechismus, Coloniae 1560, 195.

Zum Himmel schreien das Blut des von Kain gemordeten Abels (Gen 4,10), der Klageschrei über die Verletzung des Gastrechts durch die Bewohner von Sodom und Gomorra (Gen 18,20; 19,13); der Klageschrei des unterdrückten und ausgebeuteten Volkes in Ägypten (Ex 3,7–10), das Unrecht an Witwen, Waisen (Ex 22,20–23) sowie der Schrei der Arbeiter, denen der gerechte Tageslohn vorenthalten wird (Dtn 24,14f.; Sir 35,17–19; Jak 5,4).

In den reichen Gebieten der Welt ist diese Lehre von den himmelschreienden Sünden vergessen worden. In den Katechismus der Weltkirche wurde sie erst in der Schlussredaktion eingefügt. Anders in den Kirchen des Südens der Erde.[42] Der Papst kommt von dort.

Prophetisch beklagt Papst Franziskus die Haltung vieler in den reichen Ländern gegenüber den Armgemachten und Unterdrückten. Wiederholt geißelt er „Gleichgültigkeit", die sich in allen Lebensbereichen breitgemacht habe (LS 14, 26, MV 15[43], EG 61, 92, 203, gegenüber den Alten: AL 191, konsumorientiert: LS 232, gegenüber dem Partner: AL 228]. „Wir sehen Ungerechtigkeit, Bosheit, Gleichgültigkeit und Grausamkeit, die nicht aufhören." [EG 276] Vor den Politikern Europas nimmt er gegen eine „Globalisierung der

42| Märzinger, Doris, Das Verschwinden der himmelschreienden Sünden in der europäischen Kirchenpraxis, Wien 1989, DA. – Dazu auch: Zulehner, Paul M.: Pastorale Futurologie, Düsseldorf 1990, 243–268.

43| „Fühlen wir uns herausgefordert, ihren Hilfeschrei zu hören. Unsere Hände mögen ihre Hände erfassen und sie an uns heranziehen, damit sie die Wärme unserer Gegenwart, unserer Freundschaft und unserer Brüderlichkeit verspüren. Möge ihr Schrei zu dem unsrigen werden und mögen wir gemeinsam die Barriere der Gleichgültigkeit abtragen, der wir gerne freie Hand geben, um unsere Heuchelei und unseren Egoismus zu verbergen." [MV 15]

Gleichgültigkeit"[44] Stellung und betet um „Vergebung der Sünde der Gleichgültigkeit" [LS 246].

„Diesem Schrei gegenüber taub zu bleiben, wenn wir doch die Werkzeuge Gottes sind, um den Armen zu hören, entfernt uns dem Willen des himmlischen Vaters und seinem Plan, zumal dieser Arme ‚den Herrn gegen dich anruft und Strafe für diese Sünde über dich kommt' (Dtn 15,9)." [EG 187]

Den tieferen Grund für diese verbreitete Gleichgültigkeit sieht der Papst darin, dass der Mensch der Sünde verfallen ist, den Schöpfer ersetzen zu wollen, und zwar sowohl in der Gestaltung des Zusammenlebens [AL 56] als auch gegenüber der Natur. Die Menschen sind in einer Art „Allmachtswahn" (Horst E. Richter[45]) überheblich geworden, haben ihre Endlichkeit verleugnet. Hierin sieht Franziskus die tiefste Wurzel der Sünde:

„Die Schöpfungsberichte im Buch Genesis enthalten in ihrer symbolischen und narrativen Sprache tiefgründige Lehren über das Menschsein und seine historische Wirklichkeit. Diese Erzählungen deuten an, dass sich das menschliche Dasein auf drei fundamentale, eng miteinander verbundene Beziehungen gründet: die Beziehung zu Gott, zum Nächsten und zur Erde. Der Bibel zufolge sind diese drei lebenswichtigen Beziehungen zerbrochen, nicht nur äußerlich, sondern auch in unserem Innern. Dieser Bruch ist die Sünde. Die Harmonie zwischen dem Schöpfer, der Menschheit und der gesamten Schöpfung wurde zerstört

44 | „Das führt dazu, sich im Grunde für die anderen nicht zu interessieren und jene Globalisierung der Gleichgültigkeit zu fördern, die aus dem Egoismus entspringt und Frucht eines Menschenbildes ist, das unfähig ist, die Wahrheit aufzunehmen und eine authentische soziale Dimension zu leben." (EU Rat; auch EG 54)

45 | Richter, Horst-Eberhard: Der Gotteskomplex, Gießen 2005.

durch unsere Anmaßung, den Platz Gottes einzunehmen, da wir uns geweigert haben anzuerkennen, dass wir begrenzte Geschöpfe sind." (LS 66)

Um darzulegen, wie sehr der Mensch wider die Schöpfung sündigt, zitiert der Papst den „grünen" griechisch-orthodoxen Patriarchen Bartholomaios:

„,Dass Menschen die biologische Vielfalt in der göttlichen Schöpfung zerstören; dass Menschen die Unversehrtheit der Erde zerstören, indem sie Klimawandel verursachen, indem sie die Erde von ihren natürlichen Wäldern entblößen oder ihre Feuchtgebiete zerstören; dass Menschen anderen Menschen Schaden zufügen und sie krankmachen, indem sie die Gewässer der Erde, ihren Boden und ihre Luft mit giftigen Substanzen verschmutzen – all das sind Sünden.' Denn ,ein Verbrechen gegen die Natur zu begehen, ist eine Sünde gegen uns selbst und eine Sünde gegen Gott.'" [LS 8]

Diese Sünde entspringt also letztlich dem verletzten menschlichen Herzen:

„Die Gewalt des von der Sünde verletzten menschlichen Herzens wird auch in den Krankheitssymptomen deutlich, die wir im Boden, im Wasser, in der Luft und in den Lebewesen bemerken. Darum befindet sich unter den am meisten verwahrlosten und misshandelten Armen diese unsere unterdrückte und verwüstete Erde, die ,seufzt und in Geburtswehen liegt' (Röm 8,22)." (LS 2)

Dieses Zitat belegt, dass Papst Franziskus Sünde als Verletzung, als Verwundung sieht. Der Mensch schlägt der Natur, den Mitmenschen, sich selbst Wunden, wenn er sündigt. Sündigen heißt verwunden. Von da aus eröffnet sich auch bereits ein Blick darauf, dass die Antwort auf die Sünde „heilen" heißt. Zunächst aber Belege aus den päpstlichen Texten über die vielen Verwundungen in der Welt von heute.

Zur Wunde

Soziale Wunden

Wunden diagnostiziert der Papst im sozialen Bereich. Er zitiert aus dem Katechismus der Katholischen Kirche und nennt den Waffenhandel „eine der schrecklichsten Wunden der Menschheit, er schädigt unerträglich die Armen". [EU Rat]

An mehreren Stellen kritisiert er die weit verbreitete Korruption [LS 55; EG 54, 60, 75, 97; LS 172, 177, 179, 182, 187], welche der Menschheitsfamilie tiefe Wunden zufügt:

„Dieselbe Einladung [zur Umkehr] richte ich an die Förderer und Komplizen der Korruption. Diese schwärende Wunde der Gesellschaft ist eine schwere himmelschreiende Sünde, denn sie untergräbt das Fundament des Lebens des Einzelnen und der Gesellschaft. Die Korruption nimmt Menschen die Hoffnung auf die Zukunft, denn in ihrer Rücksichtslosigkeit und Gier zerstört sie die Zukunftspläne der Schwachen und erdrückt die Armen. Es ist ein Übel, das damit beginnt, sich in alltäglichen, kleinen Dingen einzunisten, um sich dann so weit auszubreiten, wie es dann manchmal in den großen Skandalen sichtbar wird. Die Korruption ist ein Verharren in der Sünde, die es darauf anlegt, Gott mit der Illusion der Macht des Geldes zu ersetzen. Sie ist ein Werk der Finsternis, gestützt von Argwohn und Intrige. Corruptio optimi pessima, sagte mit gutem Grund Gregor der Große, um darauf hinzuweisen, dass keiner immun ist angesichts dieser Versuchung. Um sie aus dem privaten und öffentlichen Leben auszurotten, bedarf es Klugheit, Wachsamkeit, Gesetzestreue, Transparenz und den Mut, den Finger in die Wunde zu legen. Wer die Korruption nicht offen bekämpft, wird früher oder später zum Komplizen und zerstört die Existenz." [MV 19]

Wunden der Natur

Verwundet sieht Papst Franziskus die Natur, der die Menschen Verletzungen zufügen. Er kann sich dabei auf seinen Vorgänger berufen – was auch sichtbar macht, dass sich die katholische Kirche um die Umwelt, oder besser: die Mitwelt[46] schon länger sorgenvolle Gedanken macht:

„Papst Benedikt XVI. legte uns nahe anzuerkennen, dass die natürliche Umwelt voller Wunden ist, die durch unser unverantwortliches Verhalten hervorgerufen sind. Auch die soziale Umwelt hat ihre Verwundungen. Doch sie alle sind letztlich auf dasselbe Übel zurückzuführen, nämlich auf die Idee, dass es keine unbestreitbaren Wahrheiten gibt, die unser Leben lenken, und deshalb der menschlichen Freiheit keine Grenzen gesetzt sind." [LS 6]

Verwundete Menschen

Nicht nur die Natur und die Gesellschaft tragen Wunden. Auch einzelne Personen sind verwundet. Dabei sind dank des Dokuments über Ehe und Familie vor allem verwundete Paare und Familien im Blick. Zu den Verwundeten in diesem Lebensfeld zählt Franziskus etwa Christen, „die in kirchlich nicht geregelten oder komplexen Situationen leben, Christen, die in einer oder anderer Weise offene Wunden haben" [IV Spadaro]. Es ist erforderlich, die „Wunden der Verlassenen zu heilen" [AL 183]. Es bewegt den Papst, wenn ein „Kind meint, es selbst sei ein Fehler, es sei nichts wert und es sei den Wunden des Lebens und der Überheblichkeit der Menschen ausgeliefert" [AL 166].

Wenn Eltern im Streit sind, sei es „unverantwortlich, das Bild des Vaters oder der Mutter zu schädigen mit dem Ziel,

46| Zulehner, Paul M.: Pastorale Futurologie, Düsseldorf 1991, 50–74.

die Zuneigung des Kindes zu monopolisieren, um sich zu rächen oder um sich zu verteidigen, denn das verletzt das Innenleben dieses Kindes und wird Wunden hervorrufen, die schwer zu heilen sind“ [AL 245]. Der Papst fragt sich, „ob wir nicht auch für die seelischen Wunden der Kinder taub sind… Spüren wir das Gewicht des Berges, der die Seele eines Kindes erdrückt in den Familien, in denen man einander schlecht behandelt und einander wehtut, bis hin zum Zerreißen des Bandes ehelicher Treue?“ [AL 245]. Um des Kindes willen solle man daher den Eltern helfen, ihre „Liebe zu stärken und zur Heilung der Wunden beizutragen“ [AL 246].

Oft tragen Menschen alte Wunden mit sich, die dann wieder der Nährboden für weitere persönliche Krisen sind, die schließlich eine Ehe in Mitleidenschaft ziehen [AL 239].

„Warum sollte man Gott nicht erzählen, was das Herz umtreibt, oder von ihm die Kraft erbitten, die eigenen Wunden zu heilen, und das Licht erflehen, das man braucht, um das eigene Versprechen zu halten?“ [AL 227]

Vom Moralisieren zum Heilen

> *… dass die christliche Morallehre keine stoische Ethik ist, dass sie mehr ist als eine Askese, dass sie weder eine bloße praktische Philosophie ist noch ein Katalog von Sünden und Fehlern [EG 39].*

Eine zweite Akzentverschiebung in der pastoralen Kultur nach der Verlagerung von der Sünde zur Wunde ist jene vom

Moralisieren zum Heilen. Beide Akzentverlagerungen lassen sich voneinander nicht trennen. Sie sind innerlich miteinander verwoben.

In Zuge dieser Akzentverschiebung versucht Papst Franziskus, auch das Image der Kirche insbesondere in modernen Kulturen zu heilen.

Dies sei einleitend am Beispiel der Entwicklung des Christlichen in Österreich illustriert. Die Aufklärung hatte die Mystik aus dem religiösen Feld vertrieben. So ließ der Aufklärer Joseph II. in Österreich alle nicht pastoral tätigen Einrichtungen der katholischen Kirche schließen. Deren Eigentum überführte er in einen Religionsfond. Mit seinen Mitteln finanzierte er jene Pastoral, die ihm staatsabsolutistisch vorschwebte: Es ist eine Pastoral, die dem Staat nützen sollte. Die Priester der Kirche wurden im Zuge dieser Indienstnahme durch den Staat zu staatlichen „Religionsdienern". Zu deren Ausbildung hatte schon die Mutter von Joseph II., Kaiserin Maria Theresia, 1774 an der Wiener Universität das Fach Pastoraltheologie eingerichtet. Die Sorge um die Armen, die Rekrutierung der Soldaten, die Schutzimpfung der Kühe, das Abhalten der Liturgie, die Verwaltung der Sakramente und die Einmahnung der Moral wurden zu den priesterlichen Hauptaufgaben. Nicht zuletzt sollten die staatlichen Religionsdiener auch den Gehorsam gegenüber dem Fürsten und das Zahlen der Steuern sichern.

Nach dem Ende des Absolutismus blieb in der Kultur das in dessen Zeit aufgebaute Image der Kirche erhalten. Der Kirche wurde vorab die Pflege der Tugenden des Anstands und des Gehorsams zugewiesen. Sie sollte die Lebenswenden der Menschen begleiten und für Moral sorgen. Vor allem für die Ehe und ihre moralische Gestaltung war die Kirche zunächst alleinzuständig – wegen der Toleranz für Protestanten und

Juden erließ Joseph II. ein eigenes Ehepatent (1783). Geschlechterrollen wurden religiös legitimiert, die eheliche Treue der überwiegenden Mehrheit der Katholiken durch einen religiösen Vertrag abgesichert. In dieser traditionell „christentümlichen Kultur" waren es die Menschen gewohnt, das Verhältnis der Geschlechter entsprechend der moralischen Vorgaben der Kirche zu kultivieren. Man maß dementsprechend die Christlichkeit eines Menschen vor allem am Gelingen seiner Ehe und an der ehelichen Treue, wobei der kirchliche Maßstab bei Männern nicht so streng angewendet worden war wie bei Frauen. Das kirchlich definierte moralische „Versagen" im Bereich der Sexualität lernten viele Menschen schon von Kindesbeinen an mit Hölle und ewiger Verdammnis in Verbindung zu setzen. Das Bild der Kirche wurde auf diese Weise kulturell auf das „Schlafzimmer" festgelegt. Die Kirche selbst hatte lange Zeit in Katechese, Predigt und Volksmissionen diese zugedachte Rolle übernommen und mit der Zeit auf andere angrenzende Gebiete wie Abtreibung und Lebensschutz ausgeweitet. Die Entwicklung verlief in vielen anderen Regionen der uniform stilisierten katholischen Weltkirche sehr ähnlich.

Auf diesem moralgeschichtlichen Hintergrund ist die Akzentverschiebung vom „Moralisieren" zum Heilen durch Papst Franziskus zu sehen. Er hebt damit auf die Ebene des päpstlichen Lehramts, was vor ihm schon längere Zeit kirchliche Reformgruppen, Moraltheologen, vor allem feministische Moraltheologinnen, gefordert haben. Der Papst richtet sein Interesse weniger auf die beliebten Themen der Lebens- und Sexualmoral (ohne die diesbezüglichen Positionen abzuschwächen). Im Fokus seines Interesses stehen nicht die Moral und damit die Sünde, sondern die Wunden und damit das Heilen.

Diese Verlagerung vom Moralisieren zum Heilen soll nunmehr dargelegt werden. Schlüsselbegriffe bei der hier folgenden Analyse der Texte von Papst Franziskus sind Wortverbindungen mit „Moral" (moralisch, moralisieren) sowie „Heilen" (Heilung, Heiland). Zuerst geht es um das Wortfeld Moral.

Dabei zeigen – um das Ergebnis vorwegnehmend anzudeuten – die Analysen, dass der Papst innerkirchlich die Menschen vor dem Moralisieren schützt, gesellschaftlich hingegen schützt er durch Moral vor allem die (armuts-)gefährdeten Menschen sowie die bedrohte Natur.

Vom Moralisieren

Der Papst, so die Analyse zum Wortfeld „Moral", steht mit der „Moral" keinesfalls auf Kriegsfuß. Er verwendet an vielen Stellen Wortverbindungen mit Moral durchaus positiv. In berührender Weise erzählt er von seiner Großmutter Rosa, dass sie eine Heilige gewesen sei und „viel gelitten habe – auch moralisch" [IV Spadaro]. Mütter würden „Zärtlichkeit und moralische Kraft" bezeugen [AL 174]. Ins Grundsätzliche gewendet: „Die echte menschliche Entwicklung ist moralischer Art und setzt die vollkommene Achtung gegenüber der menschlichen Person voraus." [LS 5]

Überblickt man die vielfältigen Aussagen zur Moral, dann entdeckt man eine Art päpstlicher „Doppelpolitik"[47]. Der Papst redet anders nach draußen (in die Welt) als nach drinnen (in die Kirche):

47 | Eine ähnliche „Doppelpolitik", aber mit anderen Vorzeichen, hat vor allem Papst Johannes Paul II. betrieben. Dieser redete zwar in vielen Belangen der Welt gegenüber „modern", in kirchlichen Fragen hingegen blieb er sehr restriktiv. Papst Franziskus hingegen geht mit manchem Tun in der Welt strenger um als mit einigen Bereichen der Pastoral der Kirche.

- Wenn sich der Papst – wie in der Umweltenzyklika – in Fragen der (Welt-)Gesellschaft einmischt, kritisiert er den Mangel an Moral und fordert solche zugunsten der Armen und der Natur ein.
- Anders seine Rede über die Berufung auf „Moral" im pastoralen Bereich. Hier steht die Kritik an einer pastoralen Unkultur im Vordergrund, nach der durch Moralisieren das Evangelium des Erbarmens auf der Strecke bleiben kann. Das widerspreche Gottes Absichten, wie es zugleich den betroffenen Menschen schade. Konkret ausgefochten wird diese innerkirchliche Auseinandersetzung auf dem Feld der Pastoral im Umkreis von Ehe und Familie – und hier wieder insbesondere im Umkreis von Scheidung und Wiederheirat.

Moralische Ermutigung der „Welt"

Zunächst soll der Blick mit Papst Franziskus auf die moralische Lage der Welt fallen. Er ist voll Sorge „angesichts des moralischen und menschlichen Niedergangs" [AL 35]. Mit den US-amerikanischen Bischöfen beobachtet er einen „moralischen Relativismus", der sich daran zeige, dass von manchen die menschlichen Grundrechte als unvereinbar mit moralischen Normen angesehen werden [EG 64]. Auch im Umgang mit der Natur beklagt der Papst einen Mangel an Moral: „Wir haben schon sehr viel Zeit moralischen Verfalls verstreichen lassen, indem wir die Ethik, die Güte, den Glauben und die Ehrlichkeit bespöttelt haben, und es ist der Moment gekommen zu merken, dass diese fröhliche Oberflächlichkeit uns wenig genützt hat." [LS 229] Die Arbeit der von ihm einberufenen Familiensynode werde „in einem historischen Moment der Entmutigung und der gesellschaftlichen, wirtschaftlichen und moralischen Krise, in dem das Negative vorherrscht", geleistet [SYN]. Der Papst bewundert zwar die „außerordentlichsten wissenschaftlichen Fortschritte, die erstaunlichsten technischen Meisterleistungen, das wunderbarste Wirtschaftswachstum". Aber diese „wenden sich, wenn sie nicht von einem echten sozialen und moralischen Fortschritt begleitet sind, letztlich gegen den Menschen" [LS 4].

Auf einige „moralischen Herausforderungen" unserer Zeit geht der Papst sehr konkret ein. Personen, die im Gesundheitswesen arbeiten, haben nach seiner Überzeugung die moralische Pflicht zur Verweigerung aus Gewissensgründen, wenn sich ihr Tun gegen das menschliche Leben richtet. Das gilt für den Anfang des Lebens, aber „‚in gleicher Weise fühlt die Kirche nicht nur die Dringlichkeit, das Recht auf einen natürlichen Tod zu bekräftigen sowie therapeutischen Übereifer und Euthanasie zu vermeiden, sondern sie… lehnt [auch] nachdrücklich die Todesstrafe ab'" [AL 83]. Bei der „moralischen Bewertung der Methoden der Geburtenregelung [müsse] die Würde der Person respektiert werden" [AL 82]. „Der Mensch ist sich selbst von Gott geschenkt worden; darum muss er die natürliche und moralische Struktur, mit der er ausgestattet wurde, respektieren." [LS 115] Mit dem Moraltheologen im Papstamt, Johannes Paul II., schätzt Papst Franziskus den Begriff einer „Humanökologie," die einen sehr tiefgründigen Aspekt beinhalte, nämlich „die notwendige Beziehung des Lebens des Menschen zu dem moralischen Gesetz, das in seine eigene Natur eingeschrieben ist" [LS 155].

Der Papst verweilt aber nicht bei der Sexualmoral. Weit mehr interessiert ihn die Sozialmoral. Dabei wird er sehr pragmatisch. Er verweist etwa darauf, dass „das Kaufen nicht nur ein wirtschaftlicher Akt [ist], sondern immer auch eine moralische Handlung" [LS 206]. Jeder müsse daher so kaufen, dass er die Umwelt nicht verschmutze. Dabei komme ihm seine Fähigkeit zu Hilfe, aus sich heraus- und auf den anderen zuzugehen. Diese Fähigkeit „ist es auch, die die moralische Reaktion hervorbringt, die Wirkung zu erwägen, die jedes Tun und jede persönliche Entscheidung außerhalb des eigenen Selbst auslöst" [LS 208].

Hinsichtlich der moralischen Dimension des heutigen gesellschaftlichen Lebens ist der Papst kein Pessimist. So sehr er Niedergang sieht und beklagt, übersieht er zugleich nicht die positiven Kräfte: „Die christliche Basis einiger Völker – besonders in der westlichen Welt – ist eine lebendige Wirklichkeit. Hier finden wir, vor allem unter den am meisten Notleidenden, eine moralische Reserve, die Werte eines authentischen christlichen Humanismus bewahrt." [EG 68] „Der starke Mensch ist derjenige, welcher die Kette des Hasses, die Kette des Bösen durchschneiden kann […] Irgendjemand muss genügend Religion und genügend Moral haben, um sie durchzuschneiden, und in das besondere Gefüge des Universums dieses starke und machtvolle Element der Liebe injizieren." [AL 118]

Aufgabe der Kirche sei es, „die Wirklichkeiten von heute mit den Augen Gottes zu sehen und zu deuten", um inmitten der Entmutigung „die Herzen der Menschen zu entzünden und mit der Flamme des Glaubens zu erleuchten" [SYN]. Sie sieht „die dringende moralische Notwendigkeit einer erneuerten Solidarität innerhalb einer Generation" [LS 162].

Zu solcher werden die Familien aufgefordert, die sich darin als Subjekte des Tuns der Kirche erweisen. Sie können vielfältiges Zeugnis für das Evangelium geben: „die Solidarität gegenüber den Armen, die Offenheit für die Verschiedenheit der Personen, die Bewahrung der Schöpfung, die moralische und materielle Solidarität gegenüber den anderen Familien, vor allem den bedürftigsten, der Einsatz für die Förderung des Gemeinwohls, auch durch die Überwindung ungerechter sozialer Strukturen, ausgehend von der Umgebung, in der man lebt, indem Werke leiblicher und geistlicher Barmherzigkeit geübt werden…" [AL 290].

Im sachlichen Einklang mit Paul VI., der die Politik als die wirksamste Form der Nächstenliebe bezeichnete, nennt Papst Franziskus die „Teilnahme am politischen Leben eine moralische Verpflichtung" [EG 220].

Moralische Erziehung

Wie sehr der Papst um die moralische Dimension der Kulturen der sich einenden und doch zerrissenen Welt besorgt ist, zeigt sein starkes Interesse an der moralisch-ethischen Erziehung der nachwachsenden Generation. Dieser ist in Amoris laetitia ein ganzes Kapitel gewidmet [AL 263–270]. Er liefert den Eltern konkrete Hinweise. Dabei geht er davon aus, dass „die Eltern die moralische Entwicklung ihrer Kinder [immer beeinflussen] – zum Guten oder zum Schlechten" [AL 259]. Eltern teilen sich die Aufgabe mit den Schulen, behalten aber die Hauptverantwortung für ihre Kinder: „Auch wenn die Eltern die Schule brauchen, um eine grundlegende Bildung ihrer Kinder sicherzustellen, so können sie doch niemals ihre moralische Erziehung völlig aus der Hand geben." [AL 263]

In seiner Sorge um die moralische Formung der nachwachsenden Generation begibt sich Papst Franziskus in die moralpädagogischen Niederungen der alltäglichen Erziehung. Den Eltern schlägt er eine Reihe von Erziehungszielen vor: „Die moralische Erziehung ist eine Schulung der Freiheit durch Vorschläge, Motivationen, praktische Anwendungen, Anregungen, Belohnungen, Beispiele, Vorbilder, Symbole, Reflexionen, Ermahnungen, Überprüfungen der Handlungsweise und Dialoge, die den Menschen bei der Entwicklung jener festen inneren Grundsätze helfen, die sie dazu bewegen, spontan das Gute zu tun." [AL 267] Die Kinder dürfen, so warnt er, in der moralischen Erziehung nicht überfordert werden: „Die moralische Erziehung beinhaltet, von einem Kind oder einem Jugendlichen nur das zu verlangen, was für ihn kein unverhältnismäßig großes Opfer bedeutet, und von ihm nur ein Maß an Anstrengung einzufordern, das keinen Unwillen auslöst oder rein erzwungene Handlungen veranlasst." [AL 271] Es bedarf vielmehr einer geduldigen Anleitung zur Einübung moralisch guter Haltungen und Handlungsmuster in Verbindung mit Willenstraining: „Die Stärkung des Willens und die Wiederholung bestimmter Handlungen bilden die moralische Grundhaltung, und ohne die bewusste, freie und gewürdigte Wiederholung bestimmter guter Verhaltensweisen kommt man mit der Erziehung zu besagter Grundhaltung nicht zum Ziel." [AL 266] „Die moralische Erziehung muss immer mit aktiven Methoden und einem erzieherischen Dialog verwirklicht werden, der die Sensibilität der Kinder und ihren eigenen Sprachgebrauch aufnimmt." [AL 264]

Wichtig ist dem Papst, in der ethischen Erziehung weniger das Dunkle, das Scheitern, den Verzicht in den Vordergrund zu stellen, sondern das Gute in die Mitte zu rücken:

„Um gut zu handeln, reicht es nicht, ‚sachgemäß zu urteilen' oder ganz klar zu wissen, was man tun muss – obschon das vorrangig ist. Oft sind wir inkonsequent mit unseren eigenen Überzeugungen, selbst wenn diese gefestigt sind. Sosehr unser Gewissen uns ein bestimmtes moralisches Urteil eingibt, haben hin und wieder andere uns anziehende Dinge mehr Macht, wenn wir es nicht erreicht haben, dass das vom Verstand erfasste Gute sich als tiefe gefühlsmäßige Neigung in uns eingewurzelt hat. Es ist dann wie ein Wohlgefallen am Guten, das schwerer wiegt als andere Attraktionen, und es führt uns zu der Einsicht, dass das, was wir als gut erfassen, auch ‚für uns' hier und jetzt gut ist. Eine wirkungsvolle ethische Erziehung bedeutet, dem Menschen zu zeigen, wie weit es ihm selbst nützlich ist, gut zu handeln. Heute ist es gewöhnlich wirkungslos, etwas zu verlangen, das Anstrengung und Verzicht erfordert, ohne deutlich das Gute zu zeigen, das man damit erreichen kann." [AL 265]

Gegen das Moralisieren in der Pastoral

Während Papst Franziskus hinsichtlich der moralischen Dimension der Kulturen wie der Politik offensiv ist und sich gegen moralischen Niedergang wehrt, erscheint er in der pastoralen Auseinandersetzung rund um Ehe und Familie eher defensiv. Der Welt mutet er mehr Moral zu. Innerkirchlich schützt er die Mitglieder vor „zu viel Moral", genauer vor einem erbarmungslosen „Moralisieren", das nicht nur den Betroffenen schadet, sondern auch das Kernanliegen des Evangeliums verdunkelt: Gottes unverdienbares Erbarmen. Das Erbarmen hat den Primat, nicht die Moral.

Kritik an Gleichgewichtigkeit

Um die Versuchung zum erbarmungslosen Moralisieren in der alltäglichen Pastoral der Kirche zu mindern, relativiert er das Gewicht der Moral.

Hierarchie in den moralischen Aussagen

Er bedient sich dabei einer Einsicht des Zweiten Vatikanischen Konzils aus dem Bereich der Ökumene. Damit bestimmte Wahrheiten aus dem Glaubenskosmos der eigenen Kirche der ökumenischen Annäherung zu anderen Schwesternkirchen nicht hinderlich sind, hat das Konzil auf die Tradition der „Hierarchie der Wahrheiten" hingewiesen. Diese Idee übernimmt der Papst nun in den Bereich der Morallehre der Kirche. Ausdrücklich sagt er:

„Hierarchie: Das gilt sowohl für die Glaubensdogmen als auch für das Ganze der Lehre der Kirche, einschließlich der Morallehre." [EG 36]

Er beruft sich dabei auf den großen Kirchenlehrer des Mittelalters: „Der heilige Thomas von Aquin lehrte, dass es auch in der moralischen Botschaft der Kirche eine Hierarchie gibt, in den Tugenden und in den Taten, die aus ihnen hervorgehen." [EG 37] Daraus kann der Papst folgern, dass es zentrale Positionen in der Morallehre gibt und Randpositionen von geringerem Gewicht. Die neuere Theologie (etwa bei Karl Rahner) hat aus diesem Grund angesichts des Kosmos einer überaus elaborierten kasuistischen Sündenlehre vorgeschlagen, von einer existentiellen Grundentscheidung zu sprechen, die eine lebenslange Reifungsgeschichte habe, und von einzelnen moralisch relevanten Handlungen, aus denen die Grundentscheidung sich formt und in denen sie zum Vorschein kommt.

Eine solche Hierarchie der moralischen Wahrheiten habe auch Auswirkungen auf das missionarische Gewinnen für das Evangelium. Der Papst erklärt diese seine Position im Gespräch mit seinem Ordensmitbruder Antonio Spadaro, wenn er ein neues Gleichgewicht zwischen dem Unabdingbaren und dem eher nachrangig Wichtigen einfordert:

„Die Lehren der Kirche – dogmatische wie moralische – sind nicht alle gleichwertig. Eine missionarische Seelsorge ist nicht davon besessen, ohne Unterscheidung eine Menge von Lehren aufzudrängen. Eine missionarische Verkündigung konzentriert sich auf das Wesentliche, auf das Nötige. Das ist auch das, was am meisten anzieht, was das Herz glühen lässt – wie bei den Jüngern von Emmaus. Wir müssen also ein neues Gleichgewicht finden, sonst fällt auch das moralische Gebäude der Kirche wie ein Kartenhaus zusammen, droht, seine Frische und den Geschmack des Evangeliums zu verlieren. Die Verkündigung des Evangeliums muss einfacher sein, tief und ausstrahlend. Aus dieser Verkündigung fließen dann die moralischen Folgen." [IV Spadaro]

Dasselbe gilt nach Ansicht des Papstes auch für die Prediger, die er mahnt, sich auf die Verkündigung der Kernbotschaft zu konzentrieren (auf das Kerygma von Tod und Auferstehung des Erstgeborenen der Schöpfung also) und sich nicht allzu schnell in moralische Anwendungen zu verlieren. Das könnte nämlich auch allzu leicht dazu führen, dass die kasuistischen Moralanwendungen aus dem Zusammenhang gerissen werden und so ihren Sinn verlieren[48]:

„Eine echte Predigt muss beginnen mit der ersten Verkündigung, mit der Botschaft des Heils. Es gibt nichts Solideres, Tieferes, Festeres als diese Verkündigung. Dann muss eine Katechese kommen. Dann kann auch eine moralische Folgerung gezogen werden. Aber die Verkündigung der heilbringenden Liebe Gottes muss der moralischen und religiö-

48 | „Daraus folgt, dass einige Fragen, die zur Morallehre der Kirche gehören, aus dem Zusammenhang gerissen werden, der ihnen Sinn verleiht. Das größte Problem entsteht, wenn die Botschaft, die wir verkünden, dann mit diesen zweitrangigen Aspekten gleichgesetzt wird, die, obwohl sie relevant sind, für sich allein nicht das Eigentliche der Botschaft Jesu Christi ausdrücken." [EG 34]

sen Verpflichtung vorausgehen. Heute scheint oft die umgekehrte Ordnung vorzuherrschen. Die Homilie ist der Maßstab, um Nähe und Fähigkeit der Begegnung zwischen Seelsorger und Volk zu messen. Wer predigt, muss das Herz seiner Gemeinschaft kennen, um zu sehen, wo die Frage nach Gott lebendig und heiß ist. Die evangelische Botschaft darf nicht auf einige Aspekte verkürzt werden. Auch wenn diese wichtig sind, können sie nicht allein das Zentrum der Lehre Jesu zeigen." [IV Spadaro]

Auch das römische Lehramt (wie analog dazu das in den gläubigen Ortskirchen diffundierende gemeinsame Lehramt der Gläubigen mit ihren Bischöfen) solle sich in moralischen Fragen zurücknehmen. So dämpft er mit Blick auf die Familiensynode die Erwartung mancher, dass es zu neuen dogmatischen oder moralischen Anweisungen von Seiten des (römischen) Lehramtes kommen werde. Es werden „nicht alle doktrinellen, moralischen oder pastoralen Diskussionen durch ein lehramtliches Eingreifen entschieden werden" [AL 3]. Die Synode könne solche Fragen besprechen und vertiefen [AL 2]. Aber manche Aspekte sollten auch deshalb nicht vom zentralen Lehramt entschieden werden, weil sie verschiedene Interpretationen zuließen [AL 3]. Es gebe also innerkirchlich in manchen offenen Fragen der Moral einen Diskussionsbedarf. Die Moraltheologie fordert er auf, zwar auf die unverkürzte Vollständigkeit der Morallehre zu achten. Zugleich sollte sie aber „besondere Achtsamkeit darauf verwenden, die höchsten und zentralsten Werte des Evangeliums hervorzuheben und zu ihnen zu ermutigen, speziell den Primat der Liebe als Antwort auf die ungeschuldete Initiative der Liebe Gottes" [AL 311].

Grenzen der Moral

Bezüglich des Übergewichts der Moral in der Verkündigung und in der Pastoral ganz allgemein verbleibt der Papst aber nicht nur bei Zuständigkeiten hängen, die er weltkirchlich breit gestreut sehen will, weil es zwischen den ererbten Prinzipien und den Kulturen und dem Leben der einzelnen Menschen in diesen immer zu vielfältigen Akzentsetzungen kommen kann. Mit dem Ziel, das Moralisieren in der Pastoral einzudämmen, macht er über die Moralverkündigung der Kirche auch inhaltliche Aussagen.

Es ist ihm ein Kernanliegen, dass die Verkündigung den Empfängerinnen und Empfängern „zu Herzen" geht und zu einem Austausch zwischen Herzen führt. Deshalb warnt er die Verkündigenden: „Eine rein moralistische oder unterweisende Verkündigung und auch jene, die zu einer Exegese-Vorlesung wird, schränkt diese Kommunikation zwischen den Herzen ein." [EG 142]

Zudem möchte er, dass die Moralverkündigung der Kirche weniger auf die Sünden, sondern auf das erstrebenswerte Gute den Akzent legt:

„Was die Darlegung der Moral in der Katechese betrifft, die zum Wachsen in der Treue gegenüber dem Lebensstil des Evangeliums einlädt, ist es angebracht, immer das erstrebenswerte Gute aufzuzeigen, den Entwurf des Lebens, der Reife, der Erfüllung, der Fruchtbarkeit, in dessen Licht unsere Anklage der Übel, die ihn verdunkeln können, nachvollzogen werden kann. Es ist gut, dass man in uns nicht so sehr Experten für apokalyptische Diagnosen sieht bzw. finstere Richter, die sich damit brüsten, jede Gefahr und jede Verirrung aufzuspüren, sondern frohe Boten, die befreiende Lösungen vorschlagen, und Hüter des Guten und der Schönheit, die in einem Leben, das dem Evangelium treu ist, erstrahlen." [EG 168]

Gnadentheologisch geht der Papst noch einen Schritt weiter – und wieder kann er sich auf den großen Lehrer des Mittelalters, Thomas von Aquin, berufen: Er hält es für möglich, dass jemand in der Gnade Gottes lebt, der moralische Tugenden nicht erfüllt und nicht erfüllen kann. „Schon der heilige Thomas von Aquin räumte ein, dass jemand die Gnade und die Liebe besitzen kann, ohne jedoch imstande zu sein, irgendeine der Tugenden gut auszuüben, so dass er, selbst wenn er alle ihm eingeflößten moralischen Tugenden besitzt, das Vorhandensein irgendeiner von ihnen nicht deutlich offenbart, weil die praktische Ausübung dieser Tugend erschwert ist." [AL 301] Die Erschwernis liegt zumeist darin, dass moralische Gesetze in bestimmten Situationen einfach nicht lebbar sind. Es gibt, so sagt er ganz im Sinn der traditionellen Morallehre, „Umstände, welche die moralische Verantwortlichkeit vermindern" [AL 302]. Zudem kann es (und immer noch bewegt sich der Papst in der überkommenen Moraltheologie) sein, dass einen Menschen unterschiedliche Moralgebote gleichzeitig fordern und er nicht in der Lage ist, beide zu erfüllen. So kann jemand sowohl mit dem Gebot der ehelichen Treue sowie mit einer für Kinder und Partner unerträglichen Situation konfrontiert sein. In einem solchen Fall kann, so der Papst wörtlich, eine Trennung unvermeidlich sein. Noch mehr: „Manchmal kann sie sogar moralisch notwendig werden, wenn es darum geht, den schwächeren Ehepartner oder die kleinen Kinder vor schlimmeren Verletzungen zu bewahren, die von Überheblichkeit und Gewalt, von Demütigung und Ausbeutung, von Nichtachtung und Gleichgültigkeit verursacht werden." Das wird nicht dadurch abgemildert, dass die Trennung „als ein äußerstes Mittel angesehen werden [muss], nachdem jeder andere vernünftige Versuch sich als vergeblich erwiesen hat" [AL 241].

Für die pastorale Begleitung von Menschen in ihrer je einmaligen Lebensgeschichte kann das dazu führen, dass jemand „objektiv" (nach dem moralischen Gesetz) „sündig" ist, „subjektiv" aber, im Raum seiner freien Möglichkeiten, sich nicht schuldig macht. Die katholische Morallehre folgt also nicht der alten Geschichte von Ödipus, der ohne es zu wissen, dass er seine Mutter getötet hat, von den Göttern dafür verurteilt und gestraft wird. Vielmehr kann der Papst an die moralischen Weisheiten der katholischen Kirche erinnern:

„Aufgrund der Bedingtheiten oder mildernder Faktoren ist es möglich, dass man mitten in einer objektiven Situation der Sünde – die nicht subjektiv schuldhaft ist oder es zumindest nicht völlig ist – in der Gnade Gottes leben kann, dass man lieben kann und dass man auch im Leben der Gnade und der Liebe wachsen kann, wenn man dazu die Hilfe der Kirche bekommt." [AL 305]

Moral kann gnadenlos richtig sein

Der Papst ahnt, dass diese Sicht auf die überkommene Morallehre der Kirche und ihren Umgang mit den moralischen Weisungen bei „Gesetzesorientierten" auf Widerstand stoßen werde. Manche Diskussionen auf den beiden Familiensynoden sowie Reaktionen auf seine Interviews, auf Gaudium et spes, Misericodiae vultus und nicht zuletzt auf die „praktischen Passagen" der Apostolischen Exhortatio „Amoris laetitia" und zuvor schon „Evangelii gaudium" haben ihn auch diesen Widerstand deutlich spüren lassen.

In ziemlich kantiger Weise geht er auf diesen Widerstand ein. Er befürchtet, dass bei der Anwendung von moralischen Weisungen Gesetze zu Felsblöcken werden können, die man auf Menschen wirft. Er beklagt, dass der unbedingten Barmherzigkeit Gottes in der Pastoral Bedingungen gestellt werden. Und nicht zuletzt befürchtet er – oder hofft er? –, dass das so errichtete moralische Gebäude, abgelöst von der Kernbotschaft des göttlichen Erbarmens, in der heutigen Lebensrealität wie ein Kartenhaus zusammenstürzen werde. Hier sind die einschlägigen Texte, die zu meditieren sich lohnt:

Wir stellen der Barmherzigkeit so viele Bedingungen

„Manchmal fällt es uns schwer, der bedingungslosen Liebe in der Seelsorge Raum zu geben. Wir stellen der Barmherzigkeit so viele Bedingungen, dass wir sie gleichsam aushöhlen und sie um ihren konkreten Sinn und ihre reale Bedeutung bringen, und das ist die übelste Weise, das Evangelium zu verflüssigen. Es ist zum Beispiel wahr, dass die Barmherzigkeit die Gerechtigkeit und die Wahrheit nicht ausschließt, vor allem aber müssen wir erklären, dass die Barmherzigkeit die Fülle der Gerechtigkeit und die leuchtendste Bekundung der Wahrheit Gottes ist. Darum sollte man immer bedenken, ‚dass alle theologischen Begriffe unangemessen sind, die letztlich Gottes Allmacht selbst und insbesondere seine Barmherzigkeit infrage stellen'." [AL 311]

Gesetze wie Felsblöcke

„Daher darf ein Hirte sich nicht damit zufriedengeben, gegenüber denen, die in ‚irregulären' Situationen leben, nur moralische Gesetze anzuwenden, als seien es Felsblöcke, die man auf das Leben von Menschen wirft. Das ist der Fall der verschlossenen Herzen, die sich sogar hinter der Lehre der

Kirche zu verstecken pflegen, ‚um sich auf den Stuhl des Mose zu setzen und – manchmal von oben herab und mit Oberflächlichkeit – über die schwierigen Fälle und die verletzten Familien zu richten'. Auf derselben Linie äußerte sich die Internationale Theologische Kommission: ‚Das natürliche Sittengesetz sollte also nicht vorgestellt werden als eine schon bestehende Gesamtheit aus Regeln, die sich a priori dem sittlichen Subjekt auferlegen, sondern es ist eine objektive Inspirationsquelle für sein höchst personales Vorgehen der Entscheidungsfindung.'" [AL 305]

Moralisches Gebäude wie ein Kartenhaus

„Wenn die Predigttätigkeit treu gegenüber dem Evangelium ist, zeigt sich in aller Klarheit die Zentralität einiger Wahrheiten, und es wird deutlich, dass die christliche Morallehre keine stoische Ethik ist, dass sie mehr ist als eine Askese, dass sie weder eine bloße praktische Philosophie ist noch ein Katalog von Sünden und Fehlern. Das Evangelium lädt vor allem dazu ein, dem Gott zu antworten, der uns liebt und uns rettet – ihm zu antworten, indem man ihn in den anderen erkennt und aus sich selbst herausgeht, um das Wohl aller zu suchen. Diese Einladung darf unter keinen Umständen verdunkelt werden! Alle Tugenden stehen im Dienst dieser Antwort der Liebe. Wenn diese Einladung nicht stark und anziehend leuchtet, riskiert das moralische Gebäude der Kirche, ein Kartenhaus zu werden, und das ist unsere schlimmste Gefahr. Denn dann wird es nicht eigentlich das Evangelium sein, was verkündet wird, sondern einige lehrmäßige oder moralische Schwerpunkte, die aus bestimmten theologischen Optionen hervorgehen. Die Botschaft läuft Gefahr, ihre Frische zu verlieren und nicht mehr ‚den Duft des Evangeliums' zu haben." [EG 39]

Der Papst rät also, bei aller Wertschätzung für die moralischen Weisungen der Menschheit und der jüdisch-christlichen Tradition, nicht zu „moralisieren", also die Weisungen aus ihrem weiten Kontext des göttlichen Erbarmens herauszunehmen und zu verselbstständigen.

Predigern, aber auch Paaren[49], empfiehlt er eindringlich, eine moralisierende Sprache zu vermeiden. Unumstößlich aber ist und bleibt für ihn der Primat des heilenden Erbarmens. Wer diesen nicht beachtet, hilft den Menschen letztlich nicht. „Lange Zeit glaubten wir, dass wir allein mit dem Beharren auf doktrinellen, bioethischen und moralischen Fragen und ohne dazu anzuregen, sich der Gnade zu öffnen, die Familien bereits ausreichend unterstützten, die Bindung der Eheleute festigten und ihr miteinander geteiltes Leben mit Sinn erfüllten." [AL 37]

Nicht nur die Predigt, sondern das ganze pastorale Tun „muss die erlösende Liebe Gottes zum Ausdruck bringen, die jeder moralischen und religiösen Pflicht vorausgeht, sie darf die Wahrheit nicht aufzwingen und muss an die Freiheit appellieren, sie muss freudig, anspornend und lebendig sein und eine harmonische Gesamtsicht bieten, in der die Predigt nicht auf ein paar Lehren manchmal mehr philosophischen als evangeliumsgemäßen Charakters verkürzt wird" [EG 165].

Damit haben wir bereits die Brücke betreten, die vom Moralisieren zum Heilen führt. Es geht im Folgenden um

49 | „Wichtig ist die Fähigkeit, die eigenen Empfindungen auszudrücken, ohne zu beleidigen; eine Sprache zu gebrauchen und eine Art zu sprechen, die vom anderen leichter akzeptiert oder toleriert werden kann, auch wenn der Inhalt anspruchsvoll ist; die eigene Kritik vorzubringen, ohne jedoch den Zorn abzureagieren als eine Form der Rache, und eine moralisierende Sprache zu vermeiden, die nur anzugreifen, zu ironisieren, zu beschuldigen und zu verletzen sucht." [AL 139]

die Darlegung der vielen Dimensionen einer heilenden Pastoral nach Papst Franziskus.

Zum Heilen

Das Heilen von Wunden setzt Papst Franziskus mit zwei zentralen Themen der christlichen Tradition in Verbindung: Umkehr und Vergebung. Beide deutet er aber nun im Kontext seiner Pastoral des Erbarmens. Vergebung wie Umkehr sind Geschenke Gottes an den Menschen und die Welt. Und während die Umkehr sich mehr auf das von der Gnade getragene Handeln des Menschen bezieht, betont die Vergebung, dass die Gnade Gottes immer dem Menschen voraus ist und von Gott auch dann geschenkt wird, wenn eine menschliche Lage gänzlich verfahren und hinsichtlich der erhofften Veränderung nur noch der gute, aber kaum noch erfolgreiche Wille bleibt.

Zunächst einige markante Positionen des Papstes zur Umkehr. Zuerst geht es um die Umkehr einzelner Menschen, auch von Paaren, sodann um Facetten einer politischen Umkehr.

Umkehr von Personen

Umkehr ereignet sich im Raum der Barmherzigkeit Gottes. Diese schenkt dem verwundeten Menschen Zeit zur Umkehr, also zur Heilung:

„Die Barmherzigkeit steht also nicht im Gegensatz zur Gerechtigkeit. Sie drückt vielmehr die Haltung Gottes gegenüber dem Sünder aus, dem Er eine weitere Möglichkeit zur Reue, zur Umkehr und zum Glauben anbietet." [MV 21]

Der Papst erinnert daran, dass der Ruf zur Umkehr jene Aufforderung ist, mit der Jesus sein öffentliches Wirken beginnt und die eine Grundmelodie seiner Reich-Gottespredigt ist. Er zitiert dazu aus dem Matthäusevangelium: „Amen, das sage ich euch: Wenn ihr nicht umkehrt und wie die Kinder werdet, könnt ihr nicht in das Himmelreich kommen. Wer so klein sein kann wie dieses Kind, der ist im Himmelreich der Größte“ (Mt 18,3–4). [AL 18]

Umkehr erfreut – und das nicht nur den Himmel („Ebenso wird auch im Himmel mehr Freude herrschen über einen einzigen Sünder, der umkehrt, als über neunundneunzig Gerechte, die es nicht nötig haben umzukehren‘ (Lk 15,7). [EG 15]), sondern auch den Reumütigen hier auf Erden:

„Er wird – wenn man das so sagen kann – glücklich sein an dem Tag, an dem wir umkehren und sagen: Herr, in deiner Güte verzeih mir! So wird also unsere Reue zur Freude Gottes.“ [SYN]

Um eben diese Freude der Umkehr in den Menschen zu wecken, geht es in der Pastoral des Erbarmens: „Als stets aufmerksame Mutter setzt sich die Kirche dafür ein, dass sie eine Umkehr erleben, die ihnen die Freude am Glauben und den Wunsch, sich mit dem Evangelium zu beschäftigen, zurückgibt.“ [EG 14]

Aufgabe der Kirche ist es deshalb, Menschen zur Umkehr einzuladen [AL 297].[50] Diese Einladung ergeht an alle, besonders jene, die Gott fern sind: „Mein Ruf zur Umkehr richtet sich mit noch größerem Nachdruck an alle Menschen, die aufgrund ihrer Lebensführung fern sind von Gott.“ [MV 19] Auch die Predigt soll so sein, dass „das Wort Gottes in seiner Einladung zur Umkehr, zur Anbetung, zu konkreten Haltungen der Brüderlichkeit und des Dienstes usw. mit Nachdruck erklingen kann“ [EG 155]. Mit Blick auf

50 | Auch eine Pilgerfahrt im Heiligen Jahr sowie der damit verbundene Ablass sollen ein Anreiz zur Umkehr sein [MV 3,14].

die Adressaten der Umkehr formuliert der Papst: „Es genügt nur, die Einladung zur Umkehr anzunehmen und sich der Gerechtigkeit zu unterwerfen, während die Kirche die Barmherzigkeit anbietet." [MV 19] Gemeinsam mit Paaren in „irregulären Verhältnissen" verschiedenster Art bittet er „um die Gnade der Umkehr" [AL 78].

Damit die Kirche diesen Dienst, Menschen im Namen Gottes zu einer heilsamen Umkehr einzuladen, leisten kann, ist von ihr selbst „eine missionarische Umkehr gefordert" [AL 201]. Mit Johannes XXIII. ist Franziskus davon überzeugt:

„Die erste Pflicht der Kirche ist nicht die, Verurteilungen und Bannflüche auszuteilen, sondern jene, die Barmherzigkeit Gottes zu verkünden, zur Umkehr aufzurufen und alle Menschen zum Heil des Herrn zu führen (vgl. Joh 12,44–50)." [SYN]

Umkehr in der Politik

Der Papst, der den Schrei der Armgehaltenen hört, ja der auch auf die schaut, deren Schrei verstummt ist, kümmert sich um mehr Gerechtigkeit in der Welt. Der Weg dorthin führt über politische Umkehr.

Frieden

Papst Franziskus ist ein Peacemaker, ein Friedensanbahner. Wo auch immer es ihm möglich ist, interveniert er friedenspolitisch: in Syrien, in Indonesien, auf den Philippinen, in Kuba, im Nahen Osten, in Nordkorea, in Kolumbien. Der Weg des Friedens ist aber immer ein Weg der Versöhnung, die ohne Umkehr der Herzen nicht möglich ist – und wieder beruft sich dabei der Papst nicht auf das römische Lehramt, sondern das Lehramt der Bischöfe, hier im Kongo:

„Die Botschaft des Friedens ist nicht die eines ausgehandelten Friedens, sondern erwächst aus der Überzeugung, dass die Einheit, die vom Heiligen Geist kommt, alle Unterschiede in Einklang bringen kann. Sie überwindet jeden Konflikt in einer neuen und verheißungsvollen Synthese. Die Verschiedenheit ist schön, wenn sie es annimmt, beständig in einen Prozess der Versöhnung einzutreten und sogar eine Art Kulturvertrag zu schließen, der zu einer ‚versöhnten Verschiedenheit' führt, wie es die Bischöfe des Kongo formuliert haben: ‚Die Vielfalt der Ethnien ist unser Reichtum... Nur in Einheit, durch die Umkehr der Herzen und durch die Versöhnung, können wir dazu beitragen, dass unser Land weiterkommt.'" [EG 230]

Gemeinwohl

Die Politik, davon ist Franziskus mit der gesamten Soziallehre der katholischen Kirche überzeugt, hat dem Gemeinwohl zu dienen. Das geht nicht ohne eine sozialpolitische Neuorientierung. „Christliche Umkehr verlangt, ‚besonders… all das zu überprüfen, was das Sozialwesen ausmacht und zur Erlangung des Allgemeinwohls beiträgt'." [EG 182]

Ökologische Umkehr

So wie ihm mehr Gerechtigkeit in der Einen Welt ein zentrales Anliegen ist, sorgt er sich auch um die Natur, die Umwelt, die Mitwelt. Beide Anliegen verknüpft er in seiner Enzyklika. Politik zugunsten der Armen und zugunsten der Umwelt sind für ihn lediglich zwei Seiten ein und derselben Medaille. Wie es ohne „sozialpolitische Umkehr" nicht mehr Gerechtigkeit geben wird, so kann auch das eine Welthaus der Menschheit nicht bewahrt werden ohne „ökologische Umkehr", die nur mit einem „Wandel des Herzens"

[LS 218] möglich sein wird. Schon Johannes Paul II. hatte „zu einer weltweiten ökologischen Umkehr“ aufgerufen [LS 5]. Papst Franziskus widmet ihr in der Umweltenzyklika ein ganzes Kapitel [LS 216–221]. Dabei stützt er sich neuerlich auf regionales Lehramt: „Die australischen Bischöfe haben die Umkehr im Sinn einer Versöhnung mit der Schöpfung ausgedrückt: ‚Um diese Versöhnung zu verwirklichen, müssen wir unser Leben prüfen und erkennen, auf welche Weise wir die Schöpfung Gottes durch unser Handeln und durch unsere Unfähigkeit zu handeln geschädigt haben.‘“ [LS 218]

Vorbild ist beim Ringen um die „ökologische Umkehr“ der Heilige aus Umbrien, Franz von Assisi. Gestützt auf diesen will er die Beziehung der Menschen zur Schöpfung heilen und schlägt dazu eine vollständige Umkehr des Menschen vor [LS 218]. Hier die wichtigsten Positionen seines ökologischen Aufrufs:

1. Ein erster Schritt auf dem Weg der ökologischen Umkehr ist eine Entschleunigung der Entwicklung. Mit Benedikt XVI. empfiehlt Papst Franziskus der Menschheit „Maßhalten“, Anerkennung der Grenzen des Wachstums, auf die schon im vergangenen Jahrhundert der Club of Rome[51] hingewiesen hatte.

„Wenn in einigen Fällen die nachhaltige Entwicklung neue Formen des Wachstums mit sich bringen wird, muss man immerhin in anderen Fällen angesichts des unersättlichen und unverantwortlichen Wachstums, das jahrzehntelang stattgefunden hat, auch daran denken, die Gangart ein

51 | Meadows, Dennis/Meadows, Donella: Die Grenzen des Wachstums (The limits to growth). Bericht des Club of Rome zur Lage der Menschheit. [Von] Dennis Meadows, Donella Meadows etc. (Übertr. v. Hans-Dieter Heck), Reinbek bei Hamburg 1982.

wenig zu verlangsamen, indem man einige vernünftige Grenzen setzt und sogar umkehrt, bevor es zu spät ist. Wir wissen, dass das Verhalten derer, die mehr und mehr konsumieren und zerstören, während andere noch nicht entsprechend ihrer Menschenwürde leben können, unvertretbar ist. Darum ist die Stunde gekommen, in einigen Teilen der Welt eine gewisse Rezession zu akzeptieren und Hilfen zu geben, damit in anderen Teilen ein gesunder Aufschwung stattfinden kann. Benedikt XVI. hat gesagt, dass ‚die technologisch fortgeschrittenen Gesellschaften bereit sein [müssen], Verhaltensweisen zu fördern, die von einem Maßhalten geprägt sind, indem sie den eigenen Energiebedarf reduzieren und die Nutzungsbedingungen verbessern'." [LS 193]

2. Dem Papst ist klar, dass die Lösung der ökologischen Herausforderung nicht allein durch Veränderung der Einzelnen erfolgen kann. Es braucht eine gemeinsame politische Anstrengung der ganzen Menschen, aller Nationen. Ökologische Umkehr ist daher immer gemeinschaftliche Umkehr:

„Allerdings ist es zur Lösung einer so komplexen Situation wie der, mit der sich die Welt von heute auseinandersetzen muss, nicht genug, dass jeder Einzelne sich bessert. Die isolierten Einzelpersonen können ihre Fähigkeit und ihre Freiheit verlieren, die Logik der instrumentellen Vernunft zu überwinden, und sind schließlich einem Konsumismus ohne Ethik und ohne soziales und umweltbezogenes Empfinden ausgeliefert. Auf soziale Probleme muss mit Netzen der Gemeinschaft reagiert werden, nicht mit der bloßen Summe individueller positiver Beiträge: ‚Die Anforderungen dieses Werkes werden so ungeheuer sein, dass sie aus den Möglichkeiten der individuellen Initiative und des Zusammenschlusses individualistisch geformter Einzelner nicht zu lösen sind. Es wird einer Sammlung der Kräfte und einer Einheit der Leistung bedürfen.' Die ökologische Umkehr, die gefordert ist, um eine Dynamik nachhaltiger Veränderung zu schaffen, ist auch eine gemeinschaftliche Umkehr." [LS 219]

3. In diesem Zusammenhang tadelt der Papst mit scharfen Worten die Untätigkeit, noch mehr den arroganten Spott vieler vermeintlich guter Christen. Man könne nicht Christ sein, ohne sich an der Sorge Gottes um die Bewahrung seiner Schöpfung zu beteiligen. Auch ihnen legt er eine ökologische Umkehr ans Herz:

„Wenn ‚die äußeren Wüsten… in der Welt [wachsen], weil die inneren Wüsten so groß geworden sind', ist die Umweltkrise ein Aufruf zu einer tiefgreifenden inneren Umkehr. Doch wir müssen auch zugeben, dass einige engagierte und betende Christen unter dem Vorwand von Realismus und Pragmatismus gewöhnlich die Umweltsorgen bespötteln. Andere sind passiv, entschließen sich nicht dazu, ihre Gewohnheiten zu ändern, und werden inkohärent. Es fehlt ihnen also eine ökologische Umkehr, die beinhaltet, alles, was ihnen aus ihrer Begegnung mit Jesus Christus erwachsen ist, in ihren Beziehungen zu der Welt, die sie umgibt, zur Blüte zu bringen. Die Berufung, Beschützer des Werkes Gottes zu sein, praktisch umzusetzen, gehört wesentlich zu einem tugendhaften Leben; sie ist nicht etwas Fakultatives, noch ein sekundärer Aspekt der christlichen Erfahrung." [LS 217]

4. Für seine Forderung nach ökologischer Umkehr bringt Papst Franziskus starke Argumente vor. Hier eine kompakte „kleine Schöpfungstheologie", mit welcher er seinen Aufruf zu ökologischer Umkehr untermauert:

„Einige Überzeugungen unseres Glaubens, die zu Beginn dieser Enzyklika dargelegt wurden – wie das Bewusstsein, dass jedes Geschöpf etwas von Gott widerspiegelt und eine Botschaft hat, die uns etwas lehren kann, oder die Gewissheit, dass Christus diese materielle Welt in sich aufgenommen hat und jetzt als Auferstandener im Innersten eines jeden Wesens wohnt, es mit seiner Liebe umhüllt und mit seinem Licht durchdringt –, helfen uns, diese Umkehr mit reichem Sinn zu erfüllen. Das Gleiche gilt für die Erkenntnis, dass Gott die Welt erschaffen und in sie eine Ordnung und eine Dynamik hineingelegt hat, die der Mensch nicht ignorieren darf. Wenn jemand im Evangelium liest, dass Jesus von den Vögeln spricht und sagt, dass ‚Gott nicht einen von ihnen vergisst' (Lk 12,6), wird er dann fähig sein, sie schlecht zu behandeln oder ihnen Schaden zuzufügen? Ich lade alle Christen ein, diese Dimension ihrer Umkehr zu verdeutlichen, indem sie zulassen, dass die Kraft und das Licht der empfangenen Gnade sich auch auf ihre Beziehung zu den anderen Geschöpfen und zu der Welt, die sie umgibt, erstrecken und jene sublime Geschwisterlichkeit mit der gesamten Schöpfung hervorrufen, die der heilige Franziskus in so leuchtender Weise lebte." [LS 221]

5. Schließlich transformiert Papst Franziskus seine Ökotheologie in eine ökologische Spiritualität, die von Grundhaltungen wie Zärtlichkeit, Kreativität und Engagement gespeist wird:

„Diese Umkehr setzt verschiedene Grundeinstellungen voraus, die sich miteinander verbinden, um ein großherziges und von Zärtlichkeit erfülltes Umweltengagement in Gang zu bringen. An erster Stelle schließt es Dankbarkeit und Unentgeltlichkeit ein, das heißt ein Erkennen der Welt als ein von der Liebe des himmlischen Vaters erhaltenes Geschenk.

Daraus folgt, dass man Verzicht übt, ohne eine Gegenleistung zu erwarten, und großzügig handelt, auch wenn niemand es sieht oder anerkennt: ‚Deine linke Hand [soll] nicht wissen, was deine rechte tut [...] und dein Vater, der auch das Verborgene sieht, wird es dir vergelten' (Mt 6,3–4). Es schließt auch das liebevolle Bewusstsein ein, nicht von den anderen Geschöpfen getrennt zu sein, sondern mit den anderen Wesen des Universums eine wertvolle allumfassende Gemeinschaft zu bilden. Der Glaubende betrachtet die Welt nicht von außen, sondern von innen her und erkennt die Bande, durch die der himmlische Vater uns mit allen Wesen verbunden hat. Da die ökologische Umkehr die besonderen Fähigkeiten, die Gott ihm verliehen hat, wachsen lässt, bringt sie den Glaubenden außerdem dazu, seine Kreativität zu entfalten und seine Begeisterung zu steigern, um die Dramen der Welt zu lösen und sich selbst ‚als lebendiges und heiliges Opfer darzubringen, das Gott gefällt' (Röm 12,1). Er versteht seine Überlegenheit nicht als Anlass für persönlichen Ruhm oder als Beweggrund für eine unverantwortliche Herrschaft, sondern als eine andere Fähigkeit, die ihm ihrerseits eine schwere Verantwortung auferlegt, die seinem Glauben entspringt." [LS 220]

Vergebung

Gott vergibt

Dass Gott dem Menschen vergibt, ist eine der Variationen des Hauptthemas der Pastoral des Erbarmens. Dieser „Gott wird niemals müde zu verzeihen" [EG 3]. Seine Vergebung ist grenzenlos [MV 21]: „Die Barmherzigkeit übersteigt stets das Maß der Sünde, und niemand kann der verzeihenden Liebe Gottes Grenzen setzen." [MV 3] Vergebung ist nach dem

Psalm 51 Gottes Gerechtigkeit [MV 20]. Gott überbietet „die Gerechtigkeit mit der Barmherzigkeit und der Vergebung", ohne dabei die Gerechtigkeit überflüssig zu machen [MV 21]. Gottes Barmherzigkeit, ist eine, „die den Sünder sucht und ihm Vergebung und Heil anbietet" [MV 20]. Wer einen Fehler begeht, muss gewiss seine Strafe verbüßen. „Aber dies ist nicht der Endpunkt, sondern der Anfang der Bekehrung, in der man dann die Zärtlichkeit der Vergebung erfährt. Gott lehnt die Gerechtigkeit nicht ab. Er stellt sie aber in einen größeren Zusammenhang und geht über sie hinaus." [MV 21]

Hier treffen wir auf den Kern des Evangeliums: „In den Gleichnissen, die von der Barmherzigkeit handeln, offenbart Jesus die Natur Gottes als die eines Vaters, der nie aufgibt, bevor er nicht mit Mitleid und Barmherzigkeit die Sünde vergeben und die Ablehnung überwunden hat. Wir kennen von diesen Bildreden drei ganz besonders: die Gleichnisse vom verlorenen Schaf und von der wiedergefundenen Drachme und das vom Vater und seinen beiden Söhnen (vgl. Lk 15,1–32). In diesen Gleichnissen wird besonders die Freude des Vaters im Moment der Vergebung betont. Darin finden wir den Kern des Evangeliums und unseres Glaubens, denn die Barmherzigkeit wird als die Kraft vorgestellt, die alles besiegt, die die Herzen mit Liebe erfüllt und die tröstet durch Vergebung." [MV 9]

„Auf die Schwere der Sünde antwortet Gott mit der Fülle der Vergebung." [MV 3] Papst Franziskus beruft sich dabei auf das Kreuz, unter dem „Maria, gemeinsam mit Johannes, dem Jünger, den Er liebte, Zeugin der Worte der Vergebung [ist], die über die Lippen Jesu kamen. Diese höchste Form der Vergebung für die, die ihn gekreuzigt haben, zeigt uns, wie weit die Barmherzigkeit Gottes geht." [MV 24] Als Zeugin dieses Vergebens ruft der Papst Maria an, sie möge uns die Gnade erwirken, „stets in der Vergebung Gottes und in dem unverbrüchlichen Vertrauen auf seine Liebe zu leben und zu wandeln“ [MV 24].

„Zusammenfassend können wir sagen, Gottes Barmherzigkeit ist nicht eine abstrakte Idee, sondern eine konkrete Wirklichkeit, durch die Er seine Liebe als die Liebe eines Vaters und einer Mutter offenbart, denen ihr Kind zutiefst am Herzen liegt. Es handelt sich wirklich um eine leidenschaftliche Liebe. Sie kommt aus dem Innersten und ist tiefgehend, natürlich, bewegt von Zärtlichkeit und Mitleid, von Nachsicht und Vergebung.“ [MV 6]

Einander vergeben

Das Nachsinnen über die eheliche Liebe und das Leben in den Familien gibt dem Papst vielfältigen Anlass, die Menschen zu bitten, einander zu vergeben. „‚Vergeben können und Vergebung erfahren ist eine grundlegende Erfahrung des Familienlebens‘. ‚Die mühevolle Kunst der Versöhnung, die der Unterstützung der Gnade bedarf, erfordert die großherzige Mitarbeit von Verwandten und Freunden und manchmal auch einer professionellen Hilfe von außen.‘“ [AL 236] „Eheleute... teilen miteinander Pläne und Mühen, Wünsche und Sorgen; sie lernen, füreinander zu sorgen und einander zu vergeben.“ [AL 88]

Der Bedarf an Vergebung ist heute in Ehen und Familien groß: Ursachen können „die persönlichen Krisen [sein], die mit wirtschaftlichen, arbeitsbedingten, affektiven, sozialen und spirituellen Schwierigkeiten verbunden sind und sich auf das Paar auswirken. Und es gesellen sich unerwartete Umstände dazu, die das Familienleben verändern können und einen Weg der Vergebung und Versöhnung erfordern.“

[AL 236] „Den Ehekrisen wird ‚oft übereilt und ohne den Mut zur Geduld, zur Prüfung, zu gegenseitiger Vergebung, zu Versöhnung und auch zum Opfer begegnet.'" [AL 41]

Geduldig stellt der Papst spirituelle Fragen zur Vergebungsbereitschaft: „Haben wir denen vergeben, die uns beleidigt haben, und jede Art von Groll und Hass abgewehrt, die zur Gewalt führen? Hatten wir Geduld nach dem Beispiel Gottes, der selbst so geduldig mit uns ist?" [MV 15] Das ist leicht gesagt und schwergetan: „Wenn wir beleidigt oder enttäuscht wurden, ist die Vergebung möglich und wünschenswert, doch niemand behauptet, das sei leicht." [AL 106]

Ehepaaren in Krise gibt der Papst durchaus moderne Ratschläge, die den Erfahrungen der kirchlichen Ehe-, Familien- und Lebensberatung verwandt sind, die er ausdrücklich würdigt.[52] Der Papst argumentiert in seinem Plädoyer für Vergebung durchaus beziehungspsychologisch trittfest. Zur Vergebung nötig sei nämlich die Fähigkeit, vor allem sich selbst zu vergeben

„Heute wissen wir, dass wir, um vergeben zu können, die befreiende Erfahrung gemacht haben müssen, uns selbst zu verstehen und zu vergeben. Oftmals haben unsere Fehler und der kritische Blick derer, die wir lieben, uns so weit gebracht, das Wohlwollen uns selbst gegenüber zu verlieren... Es ist notwendig, mit der eigenen Geschichte ins Reine zu kommen, sich selbst anzunehmen, mit den eigenen Begrenzungen leben zu können und auch sich selbst zu vergeben, um diese selbe Haltung den anderen gegenüber haben zu können." [AL 107]

52 | „Die Vergebung des erlittenen Unrechts ist nicht einfach, sie ist aber ein Weg, den die Gnade möglich macht. Hieraus ergibt sich die Notwendigkeit einer Pastoral der Versöhnung und der Mediation, auch durch besondere Beratungsstellen, die in den Diözesen einzurichten sind." [AL 242]

Er rät Paaren, sich beraten zu lassen, wenn die Krise zu groß wird und die Kräfte, sie zu meistern, zu klein werden:

„Wenn die Beziehung zwischen den Eheleuten nicht gut funktioniert, sollte man, bevor man wichtige Entscheidungen fällt, sicherstellen, dass jeder der beiden diesen Weg der Heilung der eigenen Geschichte gegangen ist. Das erfordert, die Notwendigkeit der Heilung einzusehen, eindringlich die Gnade zu erbitten, vergeben und um Vergebung bitten zu können, Hilfe anzunehmen, positive Beweggründe zu suchen und das alles immer wieder neu zu versuchen." [AL 240]

Bei allen guten Ratschlägen: Entscheidend ist für Papst Franziskus in Krisen eine vergebungsbereite Liebe zueinander [AL 27] sowie ein starkes Gottvertrauen, „nachdem sie gefallen sind, einander zu vergeben, die Last des andern zu tragen" [AL 73]. „Das aber setzt die Erfahrung voraus, von Gott Vergebung empfangen zu haben, unentgeltlich – und nicht aufgrund unserer Verdienste – gerechtfertigt worden zu sein.[53] Wir wurden von einer Liebe erreicht, die all unserem Tun vorausging und die immer eine neue Chance gibt, fördert und motiviert. Wenn wir bejahen, dass die Liebe Gottes bedingungslos ist, dass man die Freundlichkeit des Vaters weder kaufen noch bezahlen muss, dann können wir über alles hinweg lieben und den anderen vergeben, auch wenn sie uns gegenüber ungerecht gewesen sind." [AL 108]

Vergebung bedeutet dann, das Böse nicht in Rechnung zu stellen, sondern zu versuchen, „die Schwäche des anderen zu verstehen, und danach trachten, Entschuldigungen für den

53 | Zur Erfahrung der vergebenden Liebe Gottes legt er die sakramentale Versöhnung nahe, „die ermöglicht, durch die barmherzige Vergebung Gottes und seine heilende Kraft die Sünden und Fehler des vergangenen Lebens und der Beziehung selbst abzulegen" [AL 211].

anderen Menschen zu suchen wie Jesus, der sagte: ‚Vater, vergib ihnen, denn sie wissen nicht, was sie tun‘ (Lk 23,34).“ [AL 105]

Was der Papst Eheleuten zutraut, mutet er letztlich allen Menschen zu. Es klingt wie eine Zusammenfassung seines geistlichen Plädoyers für die unerlässliche Bereitschaft zur Vergebung, wenn er sagt:

„Dieses Gleichnis [vom „unbarmherzigen Knecht“] enthält eine tiefe Lehre für jeden von uns. Jesus stellt fest, dass Barmherzigkeit nicht nur eine Eigenschaft des Handelns Gottes ist. Sie wird vielmehr auch zum Kriterium, an dem man erkennt, wer wirklich seine Kinder sind. Wir sind also gerufen, Barmherzigkeit zu üben, weil uns selbst bereits Barmherzigkeit erwiesen wurde. Die Vergebung von begangenem Unrecht wird zum sichtbarsten Ausdruck der barmherzigen Liebe, und für uns Christen wird sie zum Imperativ, von dem wir nicht absehen können. Wie schwer ist es anscheinend, immer und immer wieder zu verzeihen! Und doch ist die Vergebung das Instrument, das in unsere schwachen Hände gelegt wurde, um den Frieden des Herzens zu finden. Groll, Wut, Gewalt und Rache hinter uns zu lassen, ist die notwendige Voraussetzung für ein geglücktes Leben. Nehmen wir daher die Empfehlung des Apostels auf: ‚Die Sonne soll über eurem Zorn nicht untergehen‘ (Eph 4,26). Und hören wir vor allem auf das Wort Jesu, der die Barmherzigkeit zu einem Lebensideal und Kriterium für die Zeugnishaftigkeit unseres Glaubens gemacht hat: ‚Selig die Barmherzigen; denn sie werden Erbarmen finden‘ (Mt 5,7) ist die Seligpreisung, von der wir uns mit besonderer Hingabe in diesem Heiligen Jahr inspirieren lassen sollten.“ [MV 9]

Sozialpolitische „Vergebung"

Wie bei allen großen Themen entdeckt der Papst auch bei der Vergebung eine politische Dimension. Dabei beruft er sich auf die Praxis im Volk Israel gegenüber jenen, die Opfer von Armut und Ungerechtigkeit geworden sind. Nach sieben Jahreswochen kam es zu einer großen „Entschuldung", also einer sozialpolitischen „Vergebung":

„Und schließlich wurde nach sieben Jahreswochen, das heißt nach neunundvierzig Jahren, ein Jubiläum gefeiert, ein Jahr der allgemeinen Vergebung und der ‚Freiheit für alle Bewohner des Landes' (Lev 25,10). Die Entwicklung dieser Gesetzgebung versuchte, das Gleichgewicht und die Gerechtigkeit in den Beziehungen des Menschen zu den anderen und zu dem Land, in dem er lebte und das er bewirtschaftete, sicherzustellen. Zugleich war es aber die Anerkennung der Tatsache, dass das Geschenk der Erde und ihrer Früchte dem ganzen Volk gehört. Diejenigen, die das Land bebauten und hüteten, mussten seinen Ertrag teilen, besonders mit den Armen, den Witwen, den Waisen und den Fremden: ‚Wenn ihr die Ernte eures Landes einbringt, sollt ihr das Feld nicht bis zum äußersten Rand abernten. Du sollst keine Nachlese von deiner Ernte halten. In deinem Weinberg sollst du keine Nachlese halten und die abgefallenen Beeren nicht einsammeln. Du sollst sie dem Armen und dem Fremden überlassen' (Lev 19,9–10)." [LS 71]

Der folgende Text ist wie eine Zusammenfassung des Anliegens, der Vergebung im persönlichen wie politischen Leben mehr Raum zu gewähren:

„Die Vergebung unserer Sünden durch Gott ist grenzenlos. Im Tod und in der Auferstehung Jesu Christi lässt Gott seine Liebe sichtbar werden, die selbst die Sünden der Menschen zerstört. Sich mit Gott zu versöhnen, wird möglich aufgrund des Paschamysteriums und durch die Vermittlung der Kirche. Gott zeigt sich immer bereit zur Vergebung und er wird nicht müde, sie immer wieder neu und in unerwarteter Weise anzubieten. Dennoch machen wir die Erfahrung der Sünde. Wir wissen, dass wir zur Vollkommenheit berufen sind (vgl. Mt 5,48), aber wir spüren die schwere Last der Sünde. Während wir die Macht der Gnade wahrnehmen, die uns verwandelt, merken wir auch, wie sehr uns die Kraft der Sünde bestimmt. Trotz der Vergebung ist unser Leben geprägt von Widersprüchen, die die Folgen unserer Sünden sind. Im Sakrament der Versöhnung vergibt Gott die Sünden, die damit wirklich ausgelöscht sind. Und trotzdem bleiben die negativen Spuren, die diese in unserem Verhalten und in unserem Denken hinterlassen haben. Die Barmherzigkeit Gottes ist aber auch stärker als diese. Sie wird zum Ablass, den der Vater durch die Kirche, die Braut Christi, dem Sünder, dem vergeben wurde, schenkt und der ihn von allen Konsequenzen der Sünde befreit, sodass er wieder neu aus Liebe handeln kann und vielmehr in der Liebe wächst, als erneut in die Sünde zu fallen." [MV 22]

Vergebungsbereite Kirchen

Den christlichen Kirchen, zumal der katholischen, weist der Papst hinsichtlich der Vergebung eine bedeutsame Rolle zu. Dabei ist er sich durchaus bewusst, dass es auch zwischen den Kirchen Verletzungen gibt, alte Spaltungen, welche den Aufruf zu Vergebung und Versöhnung erschweren [MV 100]. Zudem ist die Kirche selbst der Vergebung durch Gott und die Menschen bedürftig. Er bekräftigt, „dass die Kirche eine Kirche der ‚Armen vor Gott' und der Sünder auf der Suche nach Vergebung ist und nicht nur eine der Gerechten und der Heiligen – ja, eine Kirche der Gerechten und der

Heiligen, wenn diese sich als Arme und als Sünder fühlen“ [SYN]. All dieses Wissen um den eigenen Vergebungsbedarf hält ihn aber nicht davon ab, für die Arbeit der Kirche zu wünschen, „das Wort der Vergebung möge alle erreichen“ [MV 19]:

„Für die Kirche ist erneut die Zeit gekommen, sich der freudigen Verkündigung der Vergebung zu widmen. Es ist die Zeit, zum Wesentlichen zurückzukehren und sich der Schwächen und der Schwierigkeiten unserer Brüder und Schwestern anzunehmen. Die Vergebung ist eine Kraft, die zu neuem Leben auferstehen lässt und die Mut schenkt, um hoffnungsvoll in die Zukunft zu blicken.“ [MV 10]

Er sieht die Kirche als „Dienerin und Mittlerin dieser Liebe [Christi], die bis zur Vergebung und zur Selbsthingabe führt. Wo also die Kirche gegenwärtig ist, dort muss auch die Barmherzigkeit des Vaters sichtbar werden.“ [MV 12] „Jesus bittet uns zu vergeben und uns selbst hinzugeben, Werkzeuge der Vergebung zu sein, weil wir zuerst Gottes Vergebung erfahren haben, großzügig zu sein allen gegenüber im Wissen darum, dass auch Gott sein Wohlwollen uns gegenüber großzügig handhabt.“ [MV 15]

Dem Papst machen freilich jene „weltlichen Menschen“ (auch in der Kirche) Sorge, die aus ihren Sünden nichts lernen und meinen, der Vergebung nicht bedürftig zu sein.

„Wer in diese Weltlichkeit gefallen ist, schaut von oben herab und aus der Ferne, weist die Prophetie der Brüder ab, bringt den, der ihn in Frage stellt, in Misskredit, hebt ständig die Fehler der anderen hervor und ist besessen vom Anschein. Er hat den Bezugspunkt des Herzens verkrümmt auf den geschlossenen Horizont seiner Immanenz und seiner Interessen, mit der Konsequenz, dass er nicht aus seinen Sünden lernt, noch wirklich offen ist für Vergebung. Es ist eine schreckliche Korruption mit dem Anschein des Guten. Man muss sie vermeiden, indem man die Kirche in Bewegung setzt, dass sie aus sich herausgeht, in eine auf Jesus Christus ausgerichtete Mission, in den Einsatz für die Armen. Gott befreie uns von einer weltlichen Kirche unter spirituellen oder pastoralen Drapierungen! Diese erstickende Weltlichkeit erfährt Heilung, wenn man die reine Luft des Heiligen Geistes kostet, der uns davon befreit, um uns selbst zu kreisen, verborgen in einem religiösen Anschein über gottloser Leere." [EG 97]

Um die Kultur der Vergebung in Kirche und Welt zu stärken, setzt Papst Franziskus auf zwei Maßnahmen – eine vorübergehende sowie eine bleibende. Das eine ist das Heilige Jahr der Barmherzigkeit, das er für 2015/16 ausgerufen hat. Das andere sind die Beichtväter.

Heiliges Jahr der Barmherzigkeit

Das Jahr der Barmherzigkeit soll ins kirchliche Bewusstsein zurückbringen, dass „die Vergebung unserer Sünden durch Gott grenzenlos" ist [MV 22]. „Im Tod und in der Auferstehung Jesu Christi lässt Gott seine Liebe sichtbar werden, die selbst die Sünden der Menschen zerstört. Sich mit Gott zu versöhnen, wird möglich aufgrund des Paschamysteriums und durch die Vermittlung der Kirche. Gott zeigt sich immer bereit zur Vergebung und er wird nicht müde, sie immer wieder neu und in unerwarteter Weise anzubieten. Dennoch machen wir die Erfahrung der Sünde. Wir wissen, dass wir zur Vollkommenheit berufen sind (vgl. Mt 5,48), aber wir spüren die schwere Last der Sünde. Während wir die Macht der Gnade wahrnehmen, die uns verwandelt, merken wir auch, wie sehr uns die Kraft der Sünde bestimmt… Leben wir intensiv dieses Jubiläum, indem wir den Vater um die

Vergebung der Sünden bitten und um die Ausbreitung seiner barmherzigen Nachsicht." [MV 22]

Da traditionellerweise mit einem Heiligen Jahr der „Ablass" verbunden ist, dessen ökonomischer Missbrauch Martin Luther zum Anschlag seiner Thesen in Wittenberg veranlasst hatte, versucht Franziskus, diesen im Rahmen seiner Theologie des Erbarmens zu deuten. Obgleich Gott in seinem Erbarmen vergibt, „bleiben die negativen Spuren, die diese in unserem Verhalten und in unserem Denken hinterlassen haben. Die Barmherzigkeit Gottes ist aber auch stärker als diese. Sie wird zum Ablass, den der Vater durch die Kirche, die Braut Christi, dem Sünder, dem vergeben wurde, schenkt und der ihn von allen Konsequenzen der Sünde befreit, sodass er wieder neu aus Liebe handeln kann und vielmehr in der Liebe wächst, als erneut in die Sünde zu fallen." [MV 22] Den „Ablass des Heiligen Jahres zu leben, heißt also, sich der Barmherzigkeit des Vaters anzuvertrauen in der Gewissheit, dass seine Vergebung sich auf das gesamte Leben der Gläubigen auswirkt." [MV 22]

Bei der Hierarchie der Wahrheiten (und analog dazu der rituellen Praxis) steht aber für den Papst im Heiligen Jahr des Erbarmens nicht der Ablass, sondern das Evangelium im Mittelpunkt.

„In diesem Jubiläumsjahr finde in der Kirche das Wort Gottes Echo, das stark und überzeugend erklingt als ein Wort und eine Geste der Vergebung, der Unterstützung, der Hilfe und der Liebe. Die Kirche werde nie müde, Barmherzigkeit anzubieten, und sie sei stets geduldig im Trösten und Vergeben. Sie mache sich zur Stimme eines jeden Mannes und einer jeden Frau und wiederhole voll Vertrauen und ohne Unterlass: ‚Denk an dein Erbarmen, Herr, und an die Taten deiner Huld; denn sie bestehen seit Ewigkeit' (Ps 25,6)." [MV 25]

Beichtväter

Im Entwurf seiner Pastoral des Erbarmens spielen die Beichte und mit ihr die Beichtväter (und in gewisser Weise in den vielen seelsorglichen Einrichtungen Beichtmütter – bei Papst Franziskus zählte zu diesen wohl seine Großmutter Rosa) eine herausragende Rolle.

Franziskus ermuntert die Menschen zur Beichte.[54] Dabei weiß er, dass diese bei nicht wenigen Menschen in keinem guten Ruf steht. Die Priester der Kirche haben – nicht selten in klerikalem Macht- und Verantwortungswahn – die Beichte zum Kontrollinstrument und zur „Folterkammer" [EG 44] gemacht. In der Zeit der engen Verwebung von Staat und Kirche hat die staatliche Autorität Beichtzettel verordnet, um die Menschen – in diesem Fall „den gemeinen Mann" – zu kontrollieren. Eine übertriebene Sündenkasuistik hat das Ihre dazu beigetragen, den Ruf der Beichte zu zerstören.

Dem Papst liegt sehr daran, der Beichte im Rahmen seiner Pastoral des Erbarmens und hier wiederum bei seiner Wende vom Moralisieren zum Heilen einen neuen Stellenwert zu geben. Bußzeit ist – wie übrigens in den Ostkirchen – Heilungszeit, Heilung von den Wunden, welche die Sünden geschlagen haben, ja selbst letztlich sind. Daher betont er in seiner bildreichen Sprache, dass die Beichtstühle keine Folterkammern sind, sondern Orte der Barmherzigkeit, in denen die Kirche den Menschen im Namen Gottes Gutes tut:

„Daher muss man, ohne den Wert des vom Evangelium vorgezeichneten Ideals zu mindern, die möglichen Wachs-

54 | „Wir Hirten müssen die Familien ermutigen, im Glauben zu wachsen. Zu diesem Zweck ist es gut, sie zu häufigem Beichten, zu geistlicher Begleitung und dem Besuch von Einkehrtagen zu animieren." [AL 227]

tumsstufen der Menschen, die Tag für Tag aufgebaut werden, mit Barmherzigkeit und Geduld begleiten. Die Priester erinnere ich daran, dass der Beichtstuhl keine Folterkammer sein darf, sondern ein Ort der Barmherzigkeit des Herrn, die uns anregt, das mögliche Gute zu tun. Ein kleiner Schritt inmitten großer menschlicher Begrenzungen kann Gott wohlgefälliger sein als das äußerlich korrekte Leben dessen, der seine Tage verbringt, ohne auf nennenswerte Schwierigkeiten zu stoßen. Alle müssen von dem Trost und dem Ansporn der heilbringenden Liebe Gottes erreicht werden, der geheimnisvoll in jedem Menschen wirkt, jenseits seiner Mängel und Verfehlungen." [EG 44]

Der Fähigkeit der Beichtväter kommt dabei eine bedeutende Rolle zu. Diesen ist der Dienst der Versöhnung und Vergebung anvertraut. Ihnen mutet er zu, „im Herzen eines jeden Beichtenden den Ruf um Hilfe und das Verlangen nach Vergebung zu lesen. Die Beichtväter sind also berufen, immer, überall, in jeder Situation und egal in welchen Umständen, Zeichen des Primates der Barmherzigkeit zu sein." [MV 17]

„Wir haben die Gabe des Heiligen Geistes empfangen, um Sünden zu vergeben. Dafür sind wir verantwortlich. Wir sind nicht Herren dieses Sakramentes, sondern treue Verwalter der Vergebung Gottes. Jeder Beichtvater soll die Gläubigen aufnehmen wie der Vater im Gleichnis den verlorenen Sohn: Es ist ein Vater, der dem Sohn entgegenkommt, obwohl dieser ja seine Güter verschwendet hat. Die Beichtväter sollen den reumütigen Sohn, der nach Hause zurückkehrt, umarmen und ihre Freude darüber zum Ausdruck bringen, dass sie ihn wiedergefunden haben. Sie werden auch nicht müde, zum anderen Sohn zu gehen, der draußen geblieben ist und dem es nicht gelingt, sich zu freuen. Ihm erklären sie, dass sein hartes Urteil ungerecht ist und dass es vor der grenzenlosen Barmherzigkeit des Vaters nicht bestehen kann. Sie stellen keine aufdringlichen Fragen, vielmehr unterbrechen sie – wie der Vater im Gleichnis – die vorbereitete Rede des verlorenen Sohnes, denn sie verstehen es, im Herzen eines jeden Beichtenden den Ruf um Hilfe und das Verlangen nach Vergebung zu lesen. Die Beichtväter sind also berufen, immer, überall, in jeder Situation und egal in welchen Umständen, Zeichen des Primates der Barmherzigkeit zu sein." [MV 17]

Um diesen Dienst der Versöhnung im Bußsakrament zu unterstreichen, hat der Papst für das Heilige Jahr zusätzlich zu den amtierenden Priestern Missionare der Barmherzigkeit ernannt. Sie sind für ihn „Verkünder der Freude durch Vergebung" [MV 18]. „Sie sollen vor allem ein lebendiges Zeichen dafür sein, dass der Vater jeden aufnimmt, der seine Vergebung sucht. Sie werden Missionare der Barmherzigkeit sein." [MV 18]

Heilung

Neben den in heilendem Sinn gedeuteten Schlüsselbegriffen der Vergebung und der Umkehr sprechen einige Texte direkt von der Heilung des Menschen von den Wunden, die das Leben schlägt und die sich Menschen einander und nicht zuletzt sich selbst zufügen.

Heilung persönlicher Verwundungen

Papst Franziskus wünscht Ehepaaren im Rahmen der Meditation zum Hohelied der Liebe, sie mögen sich von Eifersucht und Neid [AL 95f], aber auch von Stolz heilen lassen [AL 98].

Er bedenkt in wertschätzender Aufmerksamkeit für psychologische Erkenntnisse, dass nicht wenige Paare darunter leiden und sogar daran scheitern können, dass sie Lasten aus früheren Jahren, ja aus ihrer Kindheit mit sich tragen. Auch hier legt er den Betroffenen Heilungsprozesse nahe:

„Viele beenden ihre Kindheit, ohne jemals gespürt zu haben, dass sie bedingungslos geliebt werden, und das schädigt die Fähigkeit, zu vertrauen und sich hinzugeben. Eine schlecht gelebte Beziehung zu den eigenen Eltern und Geschwistern, die nie geheilt wurde, taucht wieder auf und schädigt das Eheleben. Dann muss man einen Prozess der Befreiung durchmachen, dem man sich noch nie gestellt hat. Wenn die Beziehung zwischen den Eheleuten nicht gut funktioniert, sollte man, bevor man wichtige Entscheidungen fällt, sicherstellen, dass jeder der beiden diesen Weg der Heilung der eigenen Geschichte gegangen ist. Das erfordert, die Notwendigkeit der Heilung einzusehen, eindringlich die Gnade zu erbitten, vergeben und um Vergebung bitten zu können, Hilfe anzunehmen, positive Beweggründe zu suchen und das alles immer wieder neu zu versuchen. Jeder muss mit sich selbst sehr ehrlich sein, um zu erkennen, dass seine Art, die Liebe zu leben, diese Formen der Unreife besitzt. So sehr es auch offensichtlich erscheinen mag, dass die ganze Schuld beim anderen liegt, ist es doch niemals möglich, eine Krise zu überwinden, wenn man erwartet, dass nur der andere sich ändert. Man muss sich auch nach den Dingen fragen, in denen man selber reifen oder ausheilen könnte, um die Überwindung des Konfliktes zu fördern." [AL 240]

Zur Heilung braucht es in vielen Fällen aber nicht nur therapeutische Weisheit. Es tut vielmehr heilungsbedürftigen Menschen gut, wenn sie sich im Raum letzter Einsamkeit vor Gott von den Verwundungen des Zusammenlebens vom Grund her heilen lassen:

„Der ausschließliche Raum, den jeder der Ehepartner seinem einsamen Umgang mit Gott vorbehält, erlaubt nicht nur, die Verwundungen des Zusammenlebens zu heilen, sondern ermöglicht auch, in der Liebe Gottes den Sinn des eigenen Lebens zu finden. Wir müssen jeden Tag das Handeln des Heiligen Geistes erflehen, damit diese innere Freiheit möglich ist." [AL 320]

Politische Heilung

Es wäre nicht der befreiungstheologisch inspirierte Papst Franziskus, würde er bei seinem Anliegen nach Heilung nicht auch eine politische Dimension sehen. In seiner ökotheologischen Analyse beobachtet er einen Bruch der ursprünglichen Harmonie in der Schöpfung. Aus dem Hüten der Erde wurde ein Unterwerfen, was Carl Amery, einen scharfen Kritiker der Kirchen, veranlasste, von den „gnadenlosen Folgen des Christentums"[55] zu reden. Bei allen konkreten Aktivitäten zur „Bewahrung der Schöpfung" gehe es daher spirituell um die Heilung dieses Bruchs:

„Diese Tatsache verfälschte auch den Auftrag, uns die Erde zu ‚unterwerfen' (vgl. Gen 1,28) und sie zu ‚bebauen' und zu ‚hüten' (vgl. Gen 2,15). Als Folge verwandelte sich die ursprünglich harmonische Beziehung zwischen dem Menschen und der Natur in einen Konflikt (vgl. Gen 3,17–19). Darum ist es bedeutungsvoll, dass die Harmonie, in der der heilige Franziskus von Assisi mit allen Geschöpfen lebte, als eine Heilung jenes Bruches interpretiert wurde. Der heilige Bonaventura sagte, dass Franziskus, ‚da er mit allen Geschöpfen in Frieden war', wieder in ‚den Zustand vor der Ur-

55 | Amery, Carl: Das Ende der Vorsehung, Reinbek bei Hamburg 1972. – Ähnlich Drewermann, Eugen: Der tödliche Fortschritt, Regensburg 1982.

sünde' gelangte. Weit von diesem Vorbild entfernt, zeigt sich die Sünde heute mit all ihrer Zerstörungskraft in den Kriegen, in den verschiedenen Formen von Gewalt und Misshandlung, in der Vernachlässigung der Schwächsten und in den Angriffen auf die Natur." [LS 56]

Es sei aber, so denkt Franziskus weiter, nicht möglich, die „Beziehung zur Natur und zur Umwelt zu heilen, ohne alle grundlegenden Beziehungen des Menschen zu heilen" [LS 119]. Daher ist es für ihn unmöglich, die Sorge um mehr Gerechtigkeit in der Welt von der Sorge um die Mitwelt, die Natur zu trennen. Heilung der Wunden der Natur und Heilung der Menschheit von den Wunden leidproduktiver Ungerechtigkeit gehen somit immer Hand in Hand. „Die Notwendigkeit, die strukturellen Ursachen der Armut zu beheben, kann nicht warten, nicht nur wegen eines pragmatischen Erfordernisses, Ergebnisse zu erzielen und die Gesellschaft zu ordnen, sondern um sie von einer Krankheit zu heilen, die sie anfällig und unwürdig werden lässt und sie nur in neue Krisen führen kann." [EG 202. auch 188]

In dieser Frage haben alle Führer der Welt, die politischen wie die religiösen, zusammenzuarbeiten. Inständig bittet der Papst, „dass die Zahl der Politiker zunimmt, die fähig sind, in einen echten Dialog einzusteigen, der sich wirksam darauf ausrichtet, die tiefen Wurzeln und nicht den äußeren Anschein der Übel unserer Welt zu heilen!" [EG 205], Zugleich nimmt er im Jubiläumsjahr des Erbarmens auch die Kirche in die Pflicht:

„Wie viel Leid gibt es in unserer Welt! Wie viele Wunden sind in das Fleisch so vieler Menschen gerissen, die keine Stimme mehr haben, weil ihr Schrei, aufgrund der Teilnahmslosigkeit der reichen Völker, schwach geworden oder gar ganz verstummt ist. In diesem Jubiläum ist die Kirche noch mehr aufgerufen, diese Wunden zu behandeln, sie mit dem Öl des Trostes zu lindern, sie mit der Barmherzigkeit zu verbinden und sie mit der geschuldeten Solidarität und Achtung zu heilen." [MV 15]

Heilende Kraft Gottes – heilende Kirche

Diese Heilung der Menschen und der Welt geschieht nach gläubiger Überzeugung des Papstes letztlich durch Gott – und dadurch, dass er für seinen heilenden Dienst an der Welt seine Kirche in den Dienst nimmt.

Die Gläubigen bittet er, Gott(es) heilend-heiligen Geist beständig anzurufen. „Er kann alles heilen, was uns im missionarischen Bemühen schwächt." [EG 280].

Dann aber geht es dem Papst um einzelne Aspekte einer heilenden Seelsorge. Paare in Krise sollten um die „Vergebung Gottes und seine heilende Kraft" bitten [AL 211].

Er wünscht sich eine heilende Pastoral im Umkreis von Scheidung und Wiederheirat. Auch um des heilen Gedeihens der Kinder willen (aus der alten und in der neuen Beziehung) ist es gut, wenn die Wunden der Eltern geheilt werden:

„Denn ‚wie können wir im Übrigen diesen Eltern raten, alles zu tun, um die Kinder zum christlichen Leben zu erziehen und ihnen Vorbild eines überzeugten und praktizierten Glaubens zu sein, wenn wir sie vom Leben der Gemeinde fernhalten, so als wären sie exkommuniziert? Man muss dafür sorgen, dass ihnen keine weiteren Lasten aufgebürdet werden über jene hinaus, die die Kinder in diesen Situationen bereits zu tragen haben!' Den Eltern zu helfen, ihre Wunden zu heilen, und ihnen spirituellen Halt zu geben, kommt auch den Kindern zugute: Sie brauchen das familiäre Gesicht der Kirche, die ihnen in dieser traumatischen Erfahrung Halt gibt. Die Scheidung ist ein Übel, und es ist sehr beunruhigend, dass die Anzahl der Scheidungen zunimmt. Darum besteht zweifellos unsere wichtigste pastorale Aufgabe in Bezug auf die Familien darin, die Liebe zu stärken und zur Heilung der Wunden beizutragen, sodass wir dem Vordringen dieses Dramas unserer Zeit vorbeugen können." [AL 246]

Zur Ausbreitung dieses neuen pastoralen Stils der Heilung ist es auch nötig, in der Kirche Räume zu schaffen, „die geeignet sind, die in der Seelsorge Tätigen zu motivieren und zu heilen", „Orte, wo man den eigenen Glauben an den gekreuzigten und auferstandenen Christus erneuern kann, wo man die eigenen innersten Fragen und Alltagssorgen miteinander teilen kann, wo man sein Leben und seine Erfahrungen einer tiefgreifenden Überprüfung im Licht des Evangeliums unterziehen kann, mit dem Ziel, die eigenen individuellen und gesellschaftlichen Entscheidungen auf das Gute und das Schöne hin auszurichten" [EG 77]. In diesen Dienst der Heilung sieht der Papst aber nicht nur die Personen in der amtlichen Seelsorge einbezogen, sondern alle Mitglieder der Kirche, gleich wo sie ihren Lebens- und Arbeitsschwerpunkt haben. Sie können dazu beitragen, Heilung in ihre unmittelbare Umwelt zu bringen. Denn alle sind praktisch „gebrandmarkt" für diese „Mission, Licht zu bringen, zu segnen, zu beleben, aufzurichten, zu heilen, zu befreien" [EG 273].

Es klingt wie eine Zusammenfassung seines Anliegens, die pastorale Kultur der Kirche zu erneuern, wenn er in der ersten großen Stellungnahme in seinem Pontifikat sagt – und ich zitiere diesen wichtigen Satz gerne noch einmal:

„Ich sehe ganz klar" – fährt er fort –, „dass das, was die Kirche heute braucht, die Fähigkeit ist, Wunden zu heilen und die Herzen der Menschen zu wärmen – Nähe und Verbundenheit. Ich sehe die Kirche wie ein Feldlazarett nach einer Schlacht. Man muss einen Schwerverwundeten nicht nach Cholesterin oder nach hohem Zucker fragen. Man muss die Wunden heilen. Dann können wir von allem anderen sprechen. Die Wunden heilen, die Wunden heilen… Man muss ganz unten anfangen.“ [IV Spadaro]

Heilendes, vergebendes Erbarmen kennt keine Grenzen

Im Gespräch mit DIE ZEIT wird die Frage nach der Vergebungsbereitschaft Gottes auf die Spitze getrieben. Kennt diese Grenzen? Für den Verräter Judas? Für Stalin oder Hitler – und man mag ruhig hinzufügen: für mich? Hier die bewegende Gesprächspassage:

„ZEIT: Glauben Sie, Gott könnte am Ende auch Massenmördern wie Hitler oder Stalin verzeihen?
Franziskus: Ich weiß es nicht, schon möglich ... ich weiß es nicht. Aber ich kann Ihnen etwas schildern, das mich zutiefst berührt hat. Im burgundischen Ort Vézelay – wo der Jakobsweg beginnt – steht die Basilika Sainte-Marie-Madeleine. Dort gibt es ein Kapitell, auf dessen einer Seite der erhängte Judas zu sehen ist und auf der anderen der gute Hirte, der ihn auf seinen Schultern fortträgt. Das war die Theologie des Mittelalters, wie die Mönche sie lehrten. Der Herr vergibt bis zuletzt.
ZEIT: Aber man muss ihn um Vergebung bitten?
Franziskus: Zumindest muss man die Last seiner Sünde spüren. Ich behaupte nicht, dass Judas im Himmel und gerettet

ist. Aber ich behaupte auch nicht das Gegenteil. Ich sage nur: Seht euch dieses Kapitell an und was die Mönche des Mittelalters gedacht haben, die die Menschen mit ihren Skulpturen den Katechismus lehrten. Und seht euch die Bibel an, in der es heißt: Als Judas sich seiner Tat bewusst wird, geht er reuig zu den Hohepriestern. Die Bibel gebraucht das Wort Reue. Vielleicht hat er nicht um Vergebung gebeten, aber es hat ihn gereut.
ZEIT: Hoffen wir, dass es so war!"

Vom Gerichtssaal zum Feldlazarett

Diese Akzentverschiebung vom Moralisieren zum Heilen kann mit zwei Bildern veranschaulicht werden. Die westlichen Kirchen, so lehrt die Geschichte der Pastoral und der zugrundeliegenden Theologie, haben die Menschen in den Gerichtssaal geführt. Sowohl die Sünde der Menschheit und der Menschen wie deren Vergebung wurde in Bildern der Gerichtsbarkeit nicht nur ausgedrückt, sondern von den Menschen auch so gelebt. Gott wurde durch die Sünde beleidigt. Sein Sohn ging dafür ans Kreuz und starb für uns. Damit hat er den Schuldbrief zerrissen. Wer sich in diese Rettungstat Christi einbeziehen ließ, der konnte auf Rettung am Ende seiner Lebenszeit hoffen.

Die östliche Pastoraltradition setzte den Schwerpunkt anders. Am Beginn stand die Verwundung des Menschen durch den Tod. Erst in dessen Machtbereich wuchs die Sünde. Die Errettung des Menschen konnte daher nur durch die Heilung der Todeswunde erfolgen, von der mit dem Tod und der Endlichkeit verbundenen Angst, die den Menschen schließlich böse macht. Dies geschah, dass sich Gott in Jesus aus Nazaret, „einem von uns", in der Menschwerdung verbündete. Es war ein Mensch, dessen Einmaligkeit darin bestand, aus der tiefen Einung mit Gott nie herauszufallen, auch nicht in der letzten Gottverlassenheit am Kreuz. Das hat ihn zum Todüberwinder für alle gemacht, wie eben auch mit dem Adam, dem ersten Menschen, der Tod und damit die Sünde in die Welt kam.

Seit geraumer Zeit haben die westlichen Theologien – angeregt durch Wissenschaften vom Menschen – diesen östlichen Strang der pastoralen Kultur wiederentdeckt. Die Ahnenreihe einer solchen therapeutischen Seelsorge beginnt mit Søren Kierkegaard, setzt sich über Eugen Drewermann und Eugen Biser fort bis zu Benedikt XVI. und hat bei Papst Franziskus einen Höhepunkt erreicht.[56] Er steht nunmehr völlig auf dem Boden dieser heilenden Pastoral und bittet auch die Verantwortlichen der Kirche, ihm auf diesem Weg zu folgen. Bildlich betont er daher unentwegt, dass die Kirche eben kein Gerichtssaal sei, sondern ein „Feldlazarett" [IV Spadaro]. Es geht also in der Pastoral nicht um Beurteilen und Verurteilen, sondern allein um Heilen. Dieses verlangt, die Wunden des je einzelnen Menschen genau wahr-

56 | Kierkegaard, Søren: Der Begriff Angst, Hamburg 1984. – Zu Kierkegaards Ansatz: Die Angst des modernen Menschen, Zürich 1977. – Künzli, Arnold: Die Angst des modernen Menschen. Søren Kierkegaards Angstexistenz als Spiegel der geistigen Krise unserer Zeit, Zürich 1947. – Ders.: Die Angst als abendländische Krankheit. Dargestellt am Leben und Denken Søren Kierkegaards, Zürich 1948. – Drewermann, Eugen: Wendepunkte oder Was eigentlich besagt das Christentum? Ostfildern 2014. – Biser, Eugen: Theologie als Therapie. Zur Wiedergewinnung einer verlorenen Dimension, Heidelberg 1985. – Ders.: Die glaubensgeschichtliche Wende. Eine theologische Positionsbestimmung, Graz 1986. – Ders.: Überwindung der Lebensangst. Wege zu einem befreienden Gottesbild, München 1996. – Eugen Biser ist der einzige Theologe, den Benedikt XVI. in seinem Interviewbuch „Salz der Erde" zitiert. Benedikt XVI./Seewald, Peter: Salz der Erde, München 1996.

zunehmen und zu verbinden und sich dazu Zeit zu geben und zu nehmen.

Hier kündigt sich eine weitere Dimension der neuen Pastoralkultur an. Es ist die Akzentverlagerung von einem allgemeinen Gesetz, das auf Einzelne angewendet wird, hin zum pastoralen Einfühlen in die Lage der jeweiligen gewissenhaften Person. Es ist die Verschiebung „vom Gesetz zum Gesicht“, von der allgemeinen Norm zum Respekt vor dem Einzelfall.

Vom Gesetz zum Gesicht

Vom Gesetz

Von der Ambivalenz der Gesetze

Wiederum: Papst Franziskus ist kein „Gegner“ des Gesetzes. Hinsichtlich der Bedeutung des Gesetzes erweist er sich aber als höchst „leidempfindlich“: Wo Gesetze den Menschen vor Leid schützen, mahnt er sie ein. Wo sie hingegen der Minderung der Leiden von Menschen im Weg stehen, relativiert er diese. Das macht seine Rede vom Gesetz unausweichlich ambivalent.

Wertschätzend vermerkt er, dass Gott sein Gesetz „in Israel“ erließ und unseren Vätern gebot, „ihre Kinder das alles zu lehren, damit das kommende Geschlecht davon erfahre, die Kinder späterer Zeiten“ [AL 16]. Er lässt keinen Zweifel daran, dass eine „Vernachlässigung der Eltern gegen das Gesetz Gottes verstößt (vgl. Mk 7,8–13)“ [AL 188]. Nachdrücklich betont er im Apostolischen Schreiben über die Ehe: „Letztlich geht es darum, das zu erfüllen, was die beiden letzten Gebote des Gesetzes Gottes verlangten: ‚Du sollst nicht nach dem Haus deines Nächsten verlangen. Du sollst nicht nach der Frau deines Nächsten verlangen, nach seinem Sklaven oder seiner Sklavin, seinem Rind oder seinem Esel oder nach irgendetwas, das deinem Nächsten gehört' (Ex 20,17)." [AL 96]

Im Einklang mit der jüdischen Tradition erinnert er die Weltgemeinschaft an das Gebot der Heiligung des Gottes-Tages, den die Religionen der Welt an unterschiedlichen Tagen begehen. Aber nicht nur aus religiösen Gründen ist ihm die Unterbrechung der Arbeit an einem Tag der Ruhe wichtig: Es geht ihm auch darum, dass Menschen sich durch Arbeit nicht versklaven und ihre wahre Freiheit verlieren: „Das Gesetz der wöchentlichen Ruhe schrieb vor, am siebten Tag keine Arbeit zu tun, ‚damit dein Rind und dein Esel ausruhen und der Sohn deiner Sklavin und der Fremde zu Atem kommen' (Ex 23,12). Die Ruhe ist eine Ausweitung des Blickfeldes, die erlaubt, wieder die Rechte der anderen zu erkennen." [LS 237]

Gesetze schützen zudem den Menschen vor Beschädigungen seiner selbst. Bei der Begründung dieser Position übernimmt der Papst den von Johannes Paul II. mehrfach verwendeten Begriff der „Humanökologie": „Die Humanökologie beinhaltet auch einen sehr tiefgründigen Aspekt: die notwendige Beziehung des Lebens des Menschen zu dem moralischen Gesetz, das in seine eigene Natur eingeschrieben ist." [LS 155]

Mit viel Nachdruck verweist der Pontifex auf Gesetze und Gesetzlichkeiten, wenn es um ökologische Fragen geht. Die „Verantwortung gegenüber einer Erde, die Gott gehört, beinhaltet, dass der Mensch, der vernunftbegabt ist, die Gesetze der Natur und die empfindlichen Gleichgewichte unter den Geschöpfen auf dieser Welt respektiert" [LS 68]. Das Gesetz „begrenze Gewaltherrschaft und verhindere den Sieg der Tyrannei der Macht", so sagt er den EU-Parlamentariern. Es brauche auf europäischer Ebene in die Tat umgesetzte Gesetze, „die fähig sind, die Rechte der europäischen Bürger zu schützen und zugleich die Aufnahme der Migranten zu garantieren"; nur so könnten „die mit der Einwanderung verbundenen Problemkreise" bewältigt werden [EU Parlament].

So sehr der Papst überzeugt ist, dass es gute Gesetze gibt, die zum Schutz der Menschen und ihrer Würde unabdingbar sind, beklagt er zugleich bestimmte „Gesetze" und Gesetzlichkeiten. Die schädliche Privatisierung der knappen Wasserressourcen erfolge auf Grund von „Gesetzen des Marktes" (LS 30]. Verwerflich findet der befreiungstheologisch inspirierte Papst, dass sich heute „alles nach den Kriterien der Konkurrenzfähigkeit und nach dem Gesetz des Stärkeren ab[spielt], wo der Mächtigere den Schwächeren zunichtemacht" [EG 53]. Kritisch bewertet er auch „eine neue, unsichtbare, manchmal virtuelle Tyrannei, die einseitig und unerbittlich ihre Gesetze und ihre Regeln aufzwingt" [EG 56].

Gesetze zum Schutz der Armen und der Natur

In all diesen Passagen wird klar, dass der Papst vom Gesetz den Schutz der Schwächeren in der Welt, der Armen wie der Natur, erwartet. Das Gesetz dient dem Schutz der Gerechtigkeit: „Die Gerechtigkeit ist ein grundlegendes Konzept der Zivilgesellschaft, in der man sich normalerweise auf eine Rechtsordnung bezieht, in deren Rahmen das Gesetz angewendet wird." [MV 20]

Solches Gesetz habe der Mensch privat wie in der Politik zu respektieren und einzuhalten. Wenn er dieses anmahnt, kann sich der Papst auf die Tradition Israels berufen: „‚Er… gab ihnen ein Gesetz, das sie nicht übertreten' (Ps 148,5b–6). Daher kommt es, dass die biblische Gesetzessammlung sich damit aufhält, dem Menschen verschiedene Vorschriften nicht nur in Beziehung zu den anderen Menschen, sondern auch in Beziehung zu den anderen Lebewesen zu geben: ‚Du sollst nicht untätig zusehen, wie ein Esel oder ein Ochse deines Bruders. auf dem Weg zusammenbricht. Du sollst dann nicht so tun, als gingen sie dich nichts an […] Wenn du unterwegs auf einem Baum oder auf der Erde zufällig ein Vogelnest mit Jungen oder mit Eiern darin findest und die Mutter auf den Jungen oder auf den Eiern sitzt, sollst du die Mutter nicht zusammen mit den Jungen herausnehmen' (Dtn 22,4.6)." [LS 68] Der Mensch sei „aufgerufen, die Schöpfung mit ihren inneren Gesetzen zu respektieren" [LS 69].

Besorgt ist der Papst, wenn Gesetze, die zum Schutz von Schwachen und zum Schutz der Natur aufgestellt sind, aus Gründen des Vorteils, der Nützlichkeit relativiert werden. Das öffne der Ausbeutung Tür und Tor: „Da können wir nicht meinen, dass die politischen Pläne oder die Kraft des Gesetzes ausreichen werden, um Verhaltensweisen zu vermeiden, die die Umwelt in Mitleidenschaft ziehen. Denn wenn die Kultur verfällt und man keine objektive Wahrheit oder keine allgemein gültigen Prinzipien mehr anerkennt, werden die Gesetze nur als willkürlicher Zwang und als Hindernisse angesehen, die es zu umgehen gilt." [LS 123] Es würden sich dann jenseits von Gesetzen durchaus korrekt zustande gekommene Verhaltensweisen ausbilden, die den Sinn der Gesetze untergraben. Solche könnten sich innerhalb der staatlichen Verwaltung, aber auch in Bereichen der Zivilgesellschaft sowie in den Beziehungen der Einwohner untereinander ausbilden. „Diese mögen auf korrekte Weise abgefasst worden sein, pflegen aber toter Buchstabe zu bleiben. Kann man unter solchen Umständen darauf hoffen, dass die Gesetzgebung und die Rechtsvorschriften, die mit der Umwelt zu tun haben, wirklich effizient sind? Wir wissen zum Beispiel, dass Länder, die über eine klare Gesetzgebung zum Schutz der Wälder verfügen, weiterhin stumme Zeugen einer häufigen Verletzung dieser Gesetze sind." [LS 142]

Gesetzen und Gesetzlichkeiten mit globaler Reichweite bringt der Papst Skepsis entgegen. Ihr Nachteil: Der Reichtum der vielfältigen Kulturen könne eingeebnet werden. Das gelte beispielsweise für den ökonomi(sti)schen Bereich. So zeigt sich der Papst darüber irritiert, dass „die konsumistische Sicht des Menschen, die durch das Räderwerk der aktuellen globalisierten Wirtschaft angetrieben wird, dazu [neigt], die Kulturen gleichförmig zu machen und die große kulturelle Vielfalt, die einen Schatz für die Menschheit darstellt, zu schwächen. Deshalb führt das Bestreben, alle Schwierigkeiten durch einheitliche gesetzliche Regelungen oder technische Eingriffe zu lösen, dazu, die Vielschichtigkeit der örtlichen Problematiken zu übersehen, die ein aktives Einschreiten der Bewohner notwendig machen." [LS 144]

Hier taucht bereits die für das philosophische Gefühl von Papst Franziskus folgenreiche Spannung zwischen dem Allgemeinen und dem Konkreten auf – an dieser Stelle zwischen zentral erlassenen Gesetzen und dem Reichtum einzelner Kulturen, die durch einen Gesetzeszentralismus beschädigt werden könnten. Umgekehrt übersieht er aber nicht, dass nationaler Gesetzesegoismus der Umwelt nachhaltigen Schaden zufügen kann. Daher sei eine Balance zwischen dem Globalen und dem Regionalen zu suchen: „Wenn die Bürger die nationale, regionale und kommunale politische Macht nicht kontrollieren, ist auch keine Kontrolle der Umweltschäden möglich. Andererseits können die Gesetze der Gemeinden wirksamer sein, wenn Vereinbarungen zwischen benachbarten Ortschaften bestehen, um die gleiche Umweltpolitik zu unterstützen." [LS 179]

Gesetz allein reicht nicht aus

Schon haben wir darauf hingewiesen, dass die weltweite Korruption[57] dem Papst ein Dorn im Auge ist. Am Beispiel ihrer Eindämmung verdeutlicht er, dass das Gesetz für die Bewältigung der großen Challenges der Menschheit allein nicht genügt. Es entfaltet seine Wirkmächtigkeit erst in einem Verbund mit anderen tugendhaften Handlungsmustern. So schreibt er zur Überwindung der weltweit verbreiteten Korruption, welche vor allem die Armen schädige, dass diese sich nur durch ein Konzert von Tugenden überwinden lasse, zu denen auch Gesetzestreue zählt: „Corruptio optimi pessima, sagte mit gutem Grund Gregor der Große, um darauf hinzuweisen, dass keiner immun ist angesichts dieser Versuchung. Um sie aus dem privaten und öffentlichen Leben auszurotten, bedarf es Klugheit, Wachsamkeit, Gesetzestreue, Transparenz und den Mut, den Finger in die Wunde zu legen. Wer die Korruption nicht offen bekämpft, wird früher oder später zum Komplizen und zerstört die Existenz." [MV 19]

Ausdrücklich betont der Papst, dass das Gesetz für sich genommen nicht ausreicht: „Es braucht Aufrichtigkeit und Wahrheit in den wissenschaftlichen und politischen Diskus-

57 | Der Korruption und ihrer Überwindung in Welt und Kirche sind viele Passagen gewidmet: LS 172, 177, 179, 182, 197, 237; MV 19; EG 56, 60 75, 97.

sionen, ohne sich darauf zu beschränken abzuwägen, was gesetzlich erlaubt ist oder nicht." [LS 183] „Die Existenz von Gesetzen und Regeln reicht auf lange Sicht nicht aus, um die schlechten Verhaltensweisen einzuschränken, selbst wenn eine wirksame Kontrolle vorhanden ist. Damit die Rechtsnorm bedeutende und dauerhafte Wirkungen hervorbringt, ist es notwendig, dass der größte Teil der Mitglieder der Gesellschaft sie aufgrund von geeigneten Motivierungen akzeptiert hat und aus einer persönlichen Verwandlung heraus reagiert. Nur von der Pflege solider Tugenden aus ist eine Selbsthingabe in einem ökologischen Engagement möglich." [LS 211]

„Gesetzestreue" erweist sich somit für Papst Franziskus als doppelgesichtig. Sie kann den menschen- und naturfreundlichen Gesetzen zum Durchbruch verhelfen. Sie kann aber auch, wenn sich das Gesetz gegen die Armen wendet, zu einem Verhalten führen, das Jesus bei Pharisäern und Schriftgelehrten geißelt: „Diese legten in ihrer Gesetzestreue den Menschen lediglich Lasten auf die Schultern, blendeten aber die Barmherzigkeit des Vaters aus." [MV 20]

Nicht (ver-)urteilen und nicht richten

In diesen Klärungen zum Begriff Gesetz zeichnet sich bereits ab, dass der Sinn der Gesetze nicht (in erster Linie) darin liegt, dass wir als Menschen andere Menschen und deren Handeln be- oder gar verurteilen. Dabei kann sich der Papst auf eine Reihe biblischer Texte stützen, die von jeglichem Urteilen abraten.

„Unser Herr Jesus Christus gibt uns die einzelnen Schritte für diese Pilgerreise vor, damit wir das Ziel erreichen. ‚Richtet nicht, dann werdet auch ihr nicht gerichtet werden. Verurteilt nicht, dann werdet auch ihr nicht verurteilt werden.

Erlasst einander die Schuld, dann wird auch euch die Schuld erlassen werden. Gebt, dann wird auch euch gegeben werden. In reichem, vollem, gehäuftem, überfließendem Maß wird man euch beschenken; denn nach dem Maß, mit dem ihr messt und zuteilt, wird auch euch zugeteilt werden' (Lk 6,37–38). Er sagt also vor allem, dass wir nicht richten und nicht verurteilen sollen. Wer sich nicht dem Gericht Gottes ausliefern will, darf sich nicht zum Richter seines eigenen Bruders machen." [MV 14]

Solches Richten, das uns die Bibel verwehrt, verbindet der Papst mit Blick auf misstrauische Eheleute mit dem Beiwort „mitleidlos" [EG 115]. Vehement kritisiert der Papst das geläufige Be- und Verurteilen in der Kirche. Auf der Familiensynode sei in dieser Hinsicht Einsicht gewachsen, die auf ein Ende des (Ver-)Urteilens in der Pastoral hoffen lässt:

„Es bedeutet auch, die verschlossenen Herzen entblößt zu haben, die sich oft sogar hinter den Lehren der Kirche oder hinter den guten Absichten verstecken, um sich auf den Stuhl des Mose zu setzen und – manchmal von oben herab und mit Oberflächlichkeit – über die schwierigen Fälle und die verletzten Familien zu richten." [SYN]

Dem begrenzten Menschen sei ein gerechtes Beurteilen und Richten letztlich unmöglich. Dazu fehle ihm der Tiefenblick Gottes, der aus seinem rettenden Erbarmen entspringt: „Richtet also nicht vor der Zeit; wartet, bis der Herr kommt, der das im Dunkeln Verborgene ans Licht bringen und die Absichten der Herzen aufdecken wird. Dann wird jeder sein Lob von Gott erhalten" (1 Kor 4,5). In unserem Urteilen als Menschen, aber auch als Vertreter der Kirche und Anwälte des Evangeliums, bleiben wir in unserem Blick auf den jeweiligen konkreten Menschen immer oberflächlich, was uns an einem angemessenen Urteilen hindert:

„Der Mensch bleibt in seinem Urteilen in der Tat an der Oberfläche, der Vater dagegen sieht bis ins Innerste. Wie viel Übel richten Worte an, wenn sie von Neid und Eifersucht bestimmt sind! Schlecht über den abwesenden Bruder, die abwesende Schwester sprechen, heißt so viel wie diese in ein schlechtes Licht zu rücken, ihren Ruf zu schädigen und sie dem Gerede auszusetzen. Nicht zu urteilen und nicht zu verurteilen, bedeutet daher im Positiven, das Gute in einer jeden Person wahrzunehmen und nicht zuzulassen, dass diese wegen unseres begrenzten Urteils und unserer Anmaßung, vermeintlich alles genau zu wissen, leiden muss. Aber das reicht noch nicht, um Barmherzigkeit zum Ausdruck zu bringen. Jesus bittet uns, zu vergeben und uns selbst hinzugeben, Werkzeuge der Vergebung zu sein, weil wir zuerst Gottes Vergebung erfahren haben, großzügig zu sein allen gegenüber im Wissen darum, dass auch Gott sein Wohlwollen uns gegenüber großzügig handhabt." [MV 14]

Das Gesetz verliert durch solche Einschränkungen für die Pastoral (und dahinter das Leben der anvertrauten Menschen) bei Franziskus nicht seine Bedeutung. Es artikuliert für die Menschen in aller Klarheit ein erstrebenswertes Ideal und zeigt dem Lebensweg seine Richtung. So kann der Psalmist singen: „Denn eine Leuchte ist das Gebot / und die Lehre ein Licht, / ein Weg zum Leben sind Mahnung und Zucht" (Spr 6,23).

Aber die Kirche, die das Gesetz lehrt, darf bei diesem Lehren nicht vergessen, dass wir als (sündige) Menschen immer auf dem Weg in Richtung Vollkommenheit sind. Jeder Mensch ist also dem Ideal lediglich mehr oder minder nahe, aber in seiner Lebenszeit auf dieser Erde nie dauerhaft und vollkommen bei ihm angekommen. Es macht dann wenig Sinn „von oben herab" oder gar mit „harten Konsequenzen“ zu beurteilen, wie weit einer vom Ideal entfernt ist. Vielmehr verdienen die konkreten einmaligen Menschen von der Kirche Gottes begleitende Unterstützung auf ihren Wegen, Umwegen und manchmal auch Abwegen. Vielleicht kann ein behutsam und kompetent begleiteter Mensch dann eher Schritte in die richtige Richtung machen. Oder diese Person wird im Notfall auch dann nicht aufgeben, wenn aus Schuld und Tragik oder vielleicht aus lebensgeschichtlicher Prägung (die man Erbschuld nennen kann[58]) der Weg derzeit in eine falsche Richtung führt. „Um diese Wirklichkeit zu verstehen, muss man sich ihr mit dem Blick des Guten Hirten nähern, der nicht darauf aus ist, zu urteilen, sondern zu lieben.“ [EG 125] Dies führt der Papst noch näher aus:

„Die Hirten, die ihren Gläubigen das volle Ideal des Evangeliums und der Lehre der Kirche nahelegen, müssen ihnen auch helfen, die Logik des Mitgefühls mit den Schwachen anzunehmen und Verfolgungen oder allzu harte und ungeduldige Urteile zu vermeiden. Das Evangelium selbst verlangt von uns, weder zu richten noch zu verurteilen (vgl. Mt 7,1; Lk 6,37). Jesus ‚hofft, dass wir darauf verzichten, unsere persönlichen oder gemeinschaftlichen Zuflüchte zu suchen, die uns erlauben, gegenüber dem Kern des menschlichen Leids auf Distanz zu bleiben, damit wir dann akzeptieren, mit dem konkreten Leben der anderen ernsthaft in Berührung zu kommen und die Kraft der Zartheit kennenlernen. Wenn wir das tun, wird das Leben für uns wunderbar komplex.‘“ [AL 308]

58 | Renz, Monika: Erlösung aus Prägung, Paderborn ^{2}2017.

Gradualität

Die soeben beschriebene Spannung zwischen dem Ideal und dem Weg entspricht der Polarität zwischen den beiden Pastoralprinzipien der alten ostkirchlichen Tradition, nämlich der „Akribia“ und „Oikonomia“. Akribie meint die Verpflichtung der Kirche, die Weisungen Gottes unverkürzt zu verkündigen. Zugleich handelt der Bischof (und seine Mitwirkenden) „kat‘ oikonomian“: Sie sorgen sich darum, dass jemand auf dem Weg des Heils vorankommt, gegebenenfalls umkehrt, Buße tut, was so viel bedeutet wie, sich von Gott heilen zu lassen (was Zeit brauchen kann). „Die Gegenwart Gottes begleitet die aufrichtige Suche, die Einzelne und Gruppen vollziehen, um Halt und Sinn für ihr Leben zu finden.“ [EG 71]

Auf der Familiensynode, die in dieser Hinsicht in die Schule der orthodoxen Kirche gegangen ist, wurde diese kreative Spannung mit Hilfe eines Wortspiels zwischen Gradualität und Gesetz erklärt. Es gebe keine „Gradualität des Gesetzes“, aber ein „Gesetz der Gradualität“, also eine „Gradualität des Weges“:

„Auf dieser Linie schlug der heilige Johannes Paul II. das sogenannte ‚Gesetz der Gradualität‘ vor, denn er wusste: Der Mensch ‚kennt, liebt und vollbringt […] das sittlich Gute […] in einem stufenweisen Wachsen‘. Es ist keine ‚Gradualität des Gesetzes‘, sondern eine Gradualität in der angemessenen Ausübung freier Handlungen von Menschen, die nicht in der Lage sind, die objektiven Anforderungen des Gesetzes zu verstehen, zu schätzen oder ganz zu erfüllen. Denn das Gesetz ist auch ein Geschenk Gottes, das den Weg anzeigt, ein Geschenk für alle ohne Ausnahme, das man mit der Kraft der Gnade leben kann, auch wenn jeder Mensch ‚von Stufe zu Stufe entsprechend der fortschreitenden Hereinnahme der Gaben Gottes und der Forderungen seiner unwiderruflichen und absoluten Liebe in das gesamte persönliche und soziale Leben' voranschreitet." [AL 295]

Aus diesen Einsichten in den Heilsweg eines jeden Menschen ergeben sich konkrete Handlungsmuster für eine angemessene Pastoralkultur. Unzulässig ist es, hart zu richten und darin den Menschen unentwegt zu überfordern. Ein Vollkommenheitswahn hat in dieser Pastoralkultur keinen Platz. Das Gesetz, welches die „noch nicht erreichte Fülle" in Erinnerung hält, kann nicht zum obrigkeitlichen Herrschaftsinstrument werden, sondern dient eher als Anreiz zum Wachsen und zur Neuausrichtung des Lebens durch den jeweiligen unersetzbaren Einzelnen:

„Trotzdem erlaubt uns die Betrachtung der noch nicht erreichten Fülle auch, die geschichtliche Wegstrecke, die wir als Familie zurücklegen, zu relativieren, um aufzuhören, von den zwischenmenschlichen Beziehungen eine Vollkommenheit, eine Reinheit der Absichten und eine Kohärenz zu verlangen, zu der wir nur im endgültigen Reich finden können. Es hält uns auch davon ab, jene hart zu richten, die in Situationen großer Schwachheit leben. Alle sind wir aufgerufen, das Streben nach etwas, das über uns selbst und unsere Grenzen hinausgeht, lebendig zu erhalten, und jede Familie muss in diesem ständigen Anreiz leben. Gehen wir voran als Familien, bleiben wir unterwegs!" [AL 325]

Das Ziel pastoralen Tuns ist somit nicht das Richten, schon gar nicht das moralische Hinrichten, sondern vielmehr das Aufrichten. Der Papst beruft sich dabei auf den Psalm 146,7: „Recht verschafft er den Unterdrückten, den Hungernden gibt er Brot; der Herr befreit die Gefangenen. Der Herr öffnet den Blinden die Augen, er richtet die Gebeugten auf!" [MV 6]

Hier ist auch mitgesagt: Pastoral entlastet und belastet nicht. Sie legt keine Lasten auf. Eine solche Pastoralkultur kann sich auf Jesus stützen:

„Jesus wurde ärgerlich angesichts dieser vorgeblichen, den anderen gegenüber sehr anspruchsvollen Meister, die das Wort Gottes lehrten, sich aber nicht von ihm erleuchten ließen: ‚Sie schnüren schwere Lasten zusammen und legen sie den Menschen auf die Schultern, wollen selber aber keinen Finger rühren, um die Lasten zu tragen' (Mt 23,4). Der Apostel Jakobus mahnte: ‚Nicht so viele von euch sollen Lehrer werden, meine Brüder. Ihr wisst, dass wir im Gericht strenger beurteilt werden' (Jak 3,1)." [EG 150]

Diese Pastoral des Nichtrichtens und Nichturteilens nimmt dem menschlichen Leben nicht seinen letzten Ernst. An keiner Stelle äußert Papst Franziskus Zweifel an einem Gericht Gottes am Jüngsten Tag.[59] Aber Gottes Endgericht gründet in der unaufhebbaren Verwobenheit von Gerechtigkeit und Erbarmen. Das Erbarmen aber ist das Innerste Gottes. Dieses göttliche Erbarmen ereignet sich in diesem Leben immer schon dann, wenn jemand mit einem Armen, einem Mitmenschen, mit der Natur „Erbarmen" übt.

59 | In dieser Hinsicht sieht Papst Franziskus große Übereinstimmung mit den Lehren des Islam: „In dieser Zeit gewinnt die Beziehung zu den Angehörigen des Islam große Bedeutung, die heute in vielen Ländern christlicher Tradition besonders gegenwärtig sind und dort ihren Kult frei ausüben und in die Gesellschaft integriert leben können. Nie darf vergessen werden, dass sie ‚sich zum Glauben Abrahams bekennen und mit uns den einen Gott anbeten, den barmherzigen, der die Menschen am Jüngsten Tag richten wird'." [EG 252] „Diese Anrufung [des Allerbarmers und Allbarmherzigen] ist oft auf den Lippen der gläubigen Muslime, die sich in der täglichen Schwachheit von der Barmherzigkeit begleitet und getragen wissen. Auch sie glauben, dass niemand der göttlichen Barmherzigkeit Grenzen setzen kann, denn ihre Tore stehen immer offen." [MV 23]

Zum Gesicht

Wie geht aber konkret diese Pastoral des Nichtrichtens? Welche sind, ins Positive gewendet, ihre tragenden Elemente? Diese gilt es nunmehr anhand des Reichtums der päpstlichen Aussagen systematisch darzulegen. Die Stichworte sind: Einzelfall und Gewissen, unterscheiden und begleiten. Die Formel lautet: „Vom Gesetz zum Gesicht."

Die Dynamik, die in dieser Akzentverlagerung „vom Gesetz zum Gesicht" für die Pastoralkultur erwächst, ist in ihren Langzeitfolgen noch nicht abzusehen. Es ist aber – was die Seelsorge an Personen betrifft – eine radikale Wende zum einzelnen Menschen, zur Person, zum Individuum. Dieser, so wird theologisch vorausgesetzt, ist ein einmaliges Ebenbild Gottes und Gott hat eine je eigene Liebesgeschichte mit diesem seinem Abbild. Daraus folgt für den Papst: „Man muss immer die Person anschauen. Wir treten hier in das Geheimnis der Person ein. Gott begleitet die Menschen durch das Leben und wir müssen sie begleiten und ausgehen von ihrer Situation. Wir müssen sie mit Barmherzigkeit begleiten. Wenn das geschieht, gibt der Heilige Geist dem Priester ein, das Richtige zu sagen." [IV Spadaro]

Bei dieser einmaligen Geschichte besitzt nun das Gewissen des Menschen eine unumgängliche Bedeutung. Dabei geht es aber auch beim einzelnen Menschen nicht primär um gewissenhafte Selbstbeurteilung oder gar Selbstanklage anhand des Gesetzes. Dass sich Gott im Gewissen jedes Menschen wahrnehmbar macht, zielt hin auf Verbundenheit, Hingabe, auf Gottesliebe als Antwort auf Gottes zuvorkommende und erbarmende Liebe. Ein bloßes Abgleichen des Lebens mit dem Gesetz wäre mickrig, gemessen an dem großen Abenteuer der Liebe zwischen Gott und dem jeweils einzelnen Menschen. Kantig formuliert daher Papst Franziskus:

„Es ist kleinlich, nur bei der Erwägung stehen zu bleiben, ob das Handeln einer Person einem Gesetz oder einer allgemeinen Norm entspricht oder nicht, denn das reicht nicht aus, um eine völlige Treue gegenüber Gott im konkreten Leben eines Menschen zu erkennen und sicherzustellen." [AL 304]

Der Papst geht noch einen Schritt weiter. Die bloße Erfüllung von Gesetzen wäre nicht nur beschämend kleinlich; es wäre ihm vielmehr gerade „geistlich" zu wenig:

„Doch das hätte keinen geistlichen Sinn, wenn es sich nur um ein mit Resignation gelebtes Gesetz handelte. Es ist eine Zugehörigkeit des Herzens, dort, wo nur Gott es sieht (vgl. Mt 5,28). Jeden Morgen beim Aufstehen fasst man vor Gott erneut diesen Entschluss zur Treue, was im Laufe des Tages auch immer kommen mag. Und beim Schlafengehen hofft jeder, wieder aufzuwachen, um dieses Abenteuer fortzusetzen im Vertrauen auf die Hilfe des Herrn." [AL 319]

Schon diese ersten Überlegungen zu einer Pastoralkultur, die den Einzelnen und sein Gewissen respektiert, machen verstehbar, dass von der Familiensynode „keine neue, auf alle Fälle anzuwendende generelle gesetzliche Regelung kanonischer Art [zu] erwarten" war [AL 300]. Das Herzensanliegen ist vielmehr eine neue Pastoralkultur, eine Kultur der Liebe und der Barmherzigkeit. Der Papst zögert nicht, auch in Bezug auf die Liebe und das Erbarmen von einem Gesetz zu sprechen – es ist das neue Gesetz, das Jesus „vom Berg herab" (Mt 8,1–4) brachte. Liebe und Barmherzigkeit machen wiederum den Begriff der unverdienten Gnade Gottes anschaulich.

Das neue Gesetz der Liebe/der Barmherzigkeit

Um dieses Gesetz, diese Gesetzlichkeit der zuvorkommenden Gnade ging es Jesus letztlich: „Christus hat als Kennzeichen seiner Jünger vor allem das Gesetz der Liebe und der Selbsthingabe an die anderen eingeführt (vgl. Mt 22,39; Joh 13,34)." [AL 27]

Dieses „Gesetz" soll das Wesen jedes Menschen bis in seine letzten Tiefen durchformen. Menschen, die sich dem Zuvorkommen Gottes überlassen, werden zu Liebenden, denen Gottes Gesetz der Liebe und des Erbarmens ins Herz geschrieben ist. Es ist jenes Gesetz, das dank seiner Auswirkungen auf das Tun des Menschen die Armen und die Natur verschont und das Menschen auf ihrem Weg zu einem menschlicheren Leben weiterhilft. Der Papst erblickt in diesem biophilen Grundzug des Gesetzes der umfassenden Liebe gerade eines der „Grundgesetz[e] der Wirklichkeit: Das Leben wird reifer und reicher, je mehr man es hingibt, um anderen Leben zu geben. Darin besteht letztendlich die Mission" [EG 10].

Liebe

Wenn die Verfasser des Neuen Testaments die sittliche Botschaft des Christentums in einer letzten Synthese auf seinen Wesenskern reduzieren, dann verweisen sie uns auf die unausweichliche Forderung der Liebe zum Nächsten: „‚Wer den anderen liebt, hat das Gesetz erfüllt... Also ist die Liebe die Erfüllung des Gesetzes' (Röm 13,8.10). So sagt der heilige Paulus, für den das Liebesgebot nicht nur das Gesetz zusammenfasst, sondern auch sein Herz und seine Daseinsberechtigung ausmacht: ‚Denn das ganze Gesetz ist in dem einen Wort zusammengefasst: Du sollst deinen Nächsten lieben wie dich selbst!' (Gal 5,14)." [EG 161]

„Die Werke der Nächstenliebe sind der vollkommenste äußere Ausdruck der inneren Gnade des Geistes: ‚Das Hauptelement des neuen Gesetzes ist die Gnade des Heiligen Geistes, die deutlich wird durch den Glauben, der durch die Liebe handelt.' Darum behauptet der heilige Thomas, dass in Bezug auf das äußere Handeln die Barmherzigkeit die größte aller Tugenden ist." [EG 37]

Die Liebe ist aber nicht nur der Inbegriff des Gesetzes. Sie muss ihrerseits den Umgang mit dem (göttlichen) Gesetz prägen: „Bei der Verteidigung des göttlichen Gesetzes darf man diese Forderung der Liebe niemals vergessen." [AL 112]

Barmherzigkeit

Um welche Art des Liebens es dem Papst, gestützt auf die jesuanische Tradition, geht, wird an deren Verwebung mit der Barmherzigkeit klar. Liebe und Barmherzigkeit werden zu austauschbaren Begriffen und definieren einander:

„Barmherzigkeit ist das grundlegende Gesetz, das im Herzen eines jeden Menschen ruht und den Blick bestimmt, wenn er aufrichtig auf den Bruder und die Schwester schaut, die ihm auf dem Weg des Lebens begegnen. Barmherzigkeit ist der Weg, der Gott und Mensch vereinigt, denn sie öffnet das Herz für die Hoffnung, dass wir, trotz unserer Begrenztheit aufgrund unserer Schuld, für immer geliebt sind." [MV 2]

Die handfeste barmherzige Liebe ist es letztlich, die den Menschen rettet: „Der Apostel Jakobus lehrt, dass die Barmherzigkeit den anderen gegenüber uns erlaubt, siegreich aus dem göttlichen Gericht hervorzugehen: ‚Redet und handelt wie Menschen, die nach dem Gesetz der Freiheit gerichtet werden. Denn das Gericht ist erbarmungslos gegen den, der kein Erbarmen gezeigt hat. Barmherzigkeit aber triumphiert über das Gericht.' (Jak 2,12–13)." [EG 193]

Gesetz und Gnade

Dem Papst geht es daher um den Primat der zuvorkommenden Gnade Gottes, um das Liebesspiel zwischen Gott und der Menschheit, darin aber mit jedem einzelnen Menschen, der ein Abbild des liebenden Gottes und zum Lieben geschaffen ist: „Einen himmlischen Vater zu bekennen, der jeden einzelnen Menschen unendlich liebt, schließt die Entdeckung ein, dass er ‚ihm dadurch unendliche Würde verleiht'." [EG 178]

Gnade hat für ihn und die ganze christliche Tradition Vorrang vor dem Gesetz. In mehreren Anläufen umkreist der Papst dieses sein gewichtiges pastorales Anliegen, der gläubigen und liebenden Antwort auf die Liebe Gottes Vorrang vor der bloßen Einhaltung von Gesetzen zu geben:

„Jesus selbst spricht viel häufiger von der Bedeutung des Glaubens als von der Beachtung des Gesetzes. Und in diesem Sinn müssen wir seine Worte verstehen, als Er – während Er mit Matthäus und anderen Zöllnern und Sündern zu Tisch sitzt – den Pharisäern, die ihn kritisierten, antwortete: ‚Darum lernt, was es heißt: Barmherzigkeit will ich, nicht Opfer. Denn ich bin gekommen, um die Sünder zu rufen, nicht die Gerechten' (Mt 9,13). Angesichts einer Sicht der Gerechtigkeit als der bloßen Einhaltung von Gesetzen, die in der Folge Menschen einteilt in Gerechte und Sünder, versucht Jesus, die große Gabe der Barmherzigkeit aufzuzeigen, die Barmherzigkeit, die den Sünder sucht und ihm Vergebung und Heil anbietet. Man versteht, warum Er aufgrund einer solchen befreienden Vision, die Quelle der Erneuerung ist, von den Pharisäern und Schriftgelehrten abgelehnt wird. Diese legten in ihrer Gesetzestreue den Menschen lediglich Lasten auf die Schultern, blendeten aber die Barmherzigkeit des Vaters aus." [MV 20]

Die Veränderung der Blickrichtung vom Gesetz auf die Gnade ist für Papst Franziskus entscheidend. Er findet sich veranschaulicht beim Völkerapostel Paulus. Dieser suchte „in seinem Leben auf tadellose Weise die Gesetzesgerechtigkeit (vgl. Phil 3,6). Seine Bekehrung zu Christus verwandelte seine Sichtweise völlig, sodass er im Galaterbrief feststellt: ‚Auch wir sind dazu gekommen, an Christus Jesus zu glauben, damit wir gerecht werden durch den Glauben an Christus, und nicht durch Werke des Gesetzes' (Gal 2,16). Sein Verständnis der Gerechtigkeit änderte sich radikal. Paulus stellt nun an die erste Stelle den Glauben und nicht mehr länger das Gesetz. Nicht die Beachtung des Gesetzes rettet, sondern der Glaube an Jesus Christus, der durch seinen Tod und seine Auferstehung in seiner gerecht machenden Barmherzigkeit das Heil bringt. Die Gerechtigkeit Gottes bedeutet jetzt die Befreiung derer, die Sklaven der Sünde und all ihrer Folgen sind. Die Gerechtigkeit Gottes ist seine Vergebung (vgl. Ps 51,11–16)." [MV 20]

Wiederholt verweist Papst Franziskus in seinem Werben um einen Abschied von einer Gesetzespastoral auf die von Jesus zitierte Stelle aus dem Propheten Hosea: „Liebe will ich, nicht Schlachtopfer." „Jesus betont, dass von nun an der Primat der Barmherzigkeit die Lebensregel seiner Jünger ist, so wie er es selbst bezeugt hat, als er mit den Sündern zu Tisch saß. Die Barmherzigkeit wird noch einmal als die grundlegende Dimension der Sendung Jesu aufgezeigt. Das ist eine wirkliche Herausforderung für seine Gegenüber, die bei einer formalen Beachtung des Gesetzes stehenblieben. Jesus geht dagegen über das Gesetz hinaus. Dass er Gemeinschaft hat mit denen, die nach dem Gesetz Sünder waren, lässt verstehen, wie weit die Barmherzigkeit geht." [MV 20] Nur wenn die Pastoral Jesus auf dem Weg des Erbarmens folgt, kann verhindert werden, dass „der Ruf nach der Einhaltung des Gesetzes… die Aufmerksamkeit für die Bedürfnisse [behindert], die die Würde der Menschen ausmachen" [MV 20]. Das gilt schon für Gott. Um wie viel mehr für die Kirche:

„Wenn Gott bei der Gerechtigkeit stehen bliebe, dann wäre er nicht mehr Gott, sondern vielmehr wie die Menschen, die die Beachtung des Gesetzes einfordern. Die Gerechtigkeit alleine genügt nicht und die Erfahrung lehrt uns, dass wer nur an sie appelliert, Gefahr läuft, sie sogar zu zerstören. Darum überbietet Gott die Gerechtigkeit mit der Barmherzigkeit und der Vergebung… Denn Christus ist das Ende des Gesetzes, und jeder, der an ihn glaubt, wird gerecht' (Röm 10,3–4)." [MV 21]

Der Papst scheint zu spüren, dass er mit diesem Anliegen innerkirchlich auf Widerstand stoßen wird. Das lässt ihn beten: „Bitten wir den Herrn, dass er uns das Gesetz der Liebe verstehen lässt. Wie gut ist es, dieses Gesetz zu besitzen! Wie gut tut es uns, einander zu lieben, über alles hinweg! Ja, über alles hinweg!" [EG 101]

Einzelne und ihr unersetzbares Gewissen

Wir sind berufen, die Gewissen zu bilden,
nicht aber dazu, den Anspruch zu erheben,
sie zu ersetzen.
[AL 37]

Martin Luther und Ignatius von Loyola lebten zur gleichen Zeit. Es war eine Zeit des Umbruchs. Das „Zeichen dieser Zeit" war die Entdeckung des Individuums, die Wertschätzung der Person. Individualität, nicht aber Individualismus gewann einen hohen Stellenwert. Für Martin Luther ging es um die urpersönliche Frage, wie der einzelne Mensch einen gnädigen Gott finden kann. Ignatius wiederum leitete in seinen geistlichen Übungen die Einzelnen zur Suche nach dem Willen Gottes und zur Unterscheidung der Geister an.

Die Texte von Papst Franziskus sind durchformt von dieser Wertschätzung der einzelnen Person. Das zeigt sich schon in seinem Verhalten. „Wenn er unter Menschen ist, ruhen seine Blicke tatsächlich immer auf den Einzelnen." [IV Spadaro – über den Papst] Die Wertschätzung des je einzelnen Menschen hält der Papst für einen Vorteil für den Familienzusammenhalt [AL 146] und in einer Partnerschaft für das Erlernen der Liebe [AL 208].

Der Respekt vor den je einmaligen Menschen ist aber auch ein Merkmal jener Pastoralkultur, die er in der Kirche verbreiten möchte. Für die Akzentverschiebung „vom Gesetz zum Gesicht" bedeutet dies, dass die Frage nicht mehr ist, ob der Einzelne der allgemeinen Norm entspricht, sondern ob die Norm dem Einzelnen auf seinem einmaligen und unverwechselbaren Lebensweg Orientierung und Hilfe ist. Der Papst kann sich bei diesem Anliegen auf Thomas von Aquin berufen. Nachdem er schrieb…

„Es ist kleinlich, nur bei der Erwägung stehen zu bleiben, ob das Handeln einer Person einem Gesetz oder einer allgemeinen Norm entspricht oder nicht, denn das reicht nicht aus, um eine völlige Treue gegenüber Gott im konkreten Leben eines Menschen zu erkennen und sicherzustellen." [AL 304]

… fährt er fachtheologisch argumentierend fort: „Ich bitte nachdrücklich darum, dass wir uns an etwas erinnern, das der heilige Thomas von Aquin lehrt, und dass wir lernen, es in die pastorale Unterscheidung aufzunehmen: ‚Obgleich es im Bereich des Allgemeinen eine gewisse Notwendigkeit gibt, unterläuft desto eher ein Fehler, je mehr man in den Bereich des Spezifischen absteigt... Im Bereich des Handelns... liegt hinsichtlich des Spezifischen nicht für alle dieselbe praktische Wahrheit oder Richtigkeit vor, sondern nur hinsichtlich des Allgemeinen; und bei denen, für die hinsichtlich des Spezifischen dieselbe Richtigkeit vorliegt, ist sie nicht allen in gleicher Weise bekannt... Es kommt also umso häufiger zu Fehlern, je mehr man in die spezifischen Einzelheiten absteigt.' Es ist wahr, dass die allgemeinen Normen ein Gut darstellen, das man niemals außer Acht lassen oder vernachlässigen darf, doch in ihren Formulierungen können sie unmöglich alle Sondersituationen umfassen." [AL 304]

Schon daraus ergibt sich, dass die Pastoral nicht Gesetze anwendet, sondern einzelne Lebensschicksale begleitet. Die Gesetze erhalten bei dieser Begleitung eine dienende, orientierende und durchaus auch kritische Rolle. Aber am Ende kommt es auf die Suche nach einem der Person möglichen und zumutbaren Weg und nicht auf die Durchsetzung des Gesetzes an. Das betrifft aber nicht nur ganz allgemein den Lebensweg eines Menschen, sondern auch den Weg, den ein Kirchmitglied innerhalb der kirchlichen Gemeinschaft gehen kann. Es werden, um es in einem einleuchtenden Bild zu sagen, nicht aus einem Teig mit einer einzigen Form immer die gleichen Weihnachtskekse gestanzt, sondern aus dem einen Teig werden lauter verschiedene Kekse. Der Papst bringt das so zum Ausdruck:

„Es geht darum, alle einzugliedern; man muss jedem Einzelnen helfen, seinen eigenen Weg zu finden, an der kirchlichen Gemeinschaft teilzuhaben, damit er sich als Empfänger einer ‚unverdienten, bedingungslosen und gegenleistungsfreien' Barmherzigkeit empfindet. Niemand darf auf ewig verurteilt werden, denn das ist nicht die Logik des Evangeliums! Ich beziehe mich nicht nur auf die Geschiedenen in einer neuen Verbindung, sondern auf alle, in welcher Situation auch immer sie sich befinden." [AL 297]

Gewissen

Wenn der Papst vom Einzelnen spricht und diesem gegenüber in der Pastoral einfühlsamen Respekt fordert, dann meint er keinen Menschen mit einem ausgeprägten Ego, keinen gewissenlosen Individualisten also, sondern er hat gewissenhafte Einzelne vor Augen. Der Respekt vor dem Gewissen ist für die neue Pastoralkultur ein Eckpfeiler. Gerade in diesem Punkt ist der Papst ein neuzeitlicher Mensch.

Dabei ist ihm klar, dass er sich mit seinem Insistieren auf das unantastbare Gewissen bei manchen Vertretern der Kirche keine Freunde macht. Immerhin kann er sich aber auf den „theologischen Personalismus" des seligen John Henry Newman und seine Position „Zuerst das Gewissen, dann der Papst"[60] berufen.

Traditionellerweise wurde – bis in die pastorale Alltagspraxis hinein – das Gewissen dem Lehramt untergeordnet. Eine Autonomie des Gewissens wurde ebenso wie eine autonome Moral[61] lehramtlich lange Zeit abgelehnt. Im Gespräch mit Antonio Spadaro gibt er unumwunden zu, dass für ihn das Gewissen autonom sei.

Der Papst vertritt allerdings kein individualistisches Konzept der Gewissensautonomie. Er weiß, dass es durch widrige Umstände beeinflusst sein kann. Die Menschen leben

60 | Batlogg, Andreas: Zuerst das Gewissen und dann der Papst, in: StdZ 228 (2010) Heft 11, 721f.

61 | Auer, Alfons: Autonome Moral und christlicher Glaube, Düsseldorf 1971 (^{2}1995).

heute in einer „kaum noch durchschaubaren Welt“ [IV Spadaro]. Interessen und Macht können das Licht des Gewissens verschatten.

„Um gut zu handeln, reicht es nicht, ‚sachgemäß zu urteilen‘ oder ganz klar zu wissen, was man tun muss – obschon das vorrangig ist. Oft sind wir inkonsequent mit unseren eigenen Überzeugungen, selbst wenn diese gefestigt sind. Sosehr unser Gewissen uns ein bestimmtes moralisches Urteil eingibt, haben hin und wieder andere uns anziehende Dinge mehr Macht, wenn wir es nicht erreicht haben, dass das vom Verstand erfasste Gute sich als tiefe gefühlsmäßige Neigung in uns eingewurzelt hat.“ [AL 265]

In diesem Zusammenhang empfiehlt der Papst beispielsweise den Eltern, keine finstere Pädagogik zu machen, sondern den Kindern in der Erziehung das attraktive Gute vorzustellen. Denn „heute ist es gewöhnlich wirkungslos, etwas zu verlangen, das Anstrengung und Verzicht erfordert, ohne deutlich das Gute zu zeigen, das man damit erreichen kann“ [AL 265].

Kompetente Gewissenbildung ist dem Papst offensichtlich wichtiger als eine Unterwerfung unter die Autorität des Lehramtes unter Preisgabe der eigenen Letztverantwortung. Vor allem aber hält er eine Unterscheidung der Geister im Sinn seines Ordensgründers für unverzichtbar. Bei dieser anspruchsvollen Herausforderung des Gewissens kann und soll die Kirche dem Einzelnen begleitend zur Seite stehen. Dann aber der markante Satz: „Wir sind berufen, die Gewissen zu bilden, nicht aber dazu, den Anspruch zu erheben, sie zu ersetzen.“ [AL 37]

Gewissenhafte Politik

Das Gewissen ist aber nicht nur bei der Lebensführung der einzelnen Personen unabdingbar. Auch in der Politik spielt es eine gewichtige Rolle, so der Papst. In seinen politischen Texten – den Reden in europäischen Gremien und nicht zuletzt in der hochpolitischen Enzyklika Laudato si' – kommt er auf das Gewissen zu sprechen. Das Gewissen werde manchmal „kauterisiert“ [abgesichert], die Realität werde dabei ignoriert [LS 49]. Wir belasten unser Gewissen, wenn man die Umwelt nicht als Erbe der ganzen Menschheit betrachtet und uns etwas aneignen, ohne es zum Wohl aller zu verwalten. [LS 95] Das „enorme technologische Wachstum ging nicht mit einer Entwicklung des Menschen in Verantwortlichkeit, Werten und Gewissen einher“, so beklagt der Papst [LS 105]. Zur Minderung der Verantwortung in den Gewissen der Menschen tragen deterministische Ansichten bei [LS 118]. Es sei vorherzusehen, dass „diejenigen, welche unter den Folgen leiden werden, die wir zu überspielen suchen… an diesen Mangel an Gewissen und an Verantwortlichkeit erinnern [werden]“ [LS 169].

In der Politik brauche es daher mehr denn je Menschen mit Gewissen, „das sich keiner Beeinflussung beugt und darum fähig ist, die eigene Würde zu erkennen und sich dem Absoluten zu öffnen“, so zitiert Papst Franziskus seinen Vorvorgänger Johannes Paul II. [EU Rat]. Den Europäischen Gerichtshof für Menschenrechte nennt er das „Gewissen Europas bei der Achtung der Menschenrechte“ [EU Rat]. Und wenn Europa eine Seele (nötig) hat, dann ist es sein Gewissen und sein geschichtliches Gedächtnis [EU Parlament]. Der Papst ist hinsichtlich der Welt der Politik nicht nur pessimistisch: „Ich glaube, dass die in der Politik engagierten Katholiken in sich die Werte der Religion haben, aber auch ihr reifes Gewissen und die Kompetenz zum Umsetzen." [IV Spadaro]

Bei der Formung des „politischen Gewissens" durch die Kirche ist der Papst zwar zurückhaltend. Denn die Kirche verfüge nicht über Lösungen für alle Detailfragen. „Dennoch begleitet sie gemeinsam mit den verschiedenen gesellschaftlichen Kräften die Vorschläge, die der Würde der Person und dem Gemeinwohl am besten entsprechen können. Dabei weist sie stets mit aller Klarheit auf die Grundwerte des menschlichen Lebens hin, um Überzeugungen zu vermitteln, die dann in politisches Handeln umgesetzt werden können." [EG 241] Aus diesem Grund spricht sich der Papst gegen eine Privatisierung der Religionen aus, die zum Ziel habe, sie gesellschaftspolitisch zum Schweigen zu bringen.

„Ein gesunder Pluralismus, der die anderen und die Werte als solche wirklich respektiert, beinhaltet keine Privatisierung der Religionen mit der Zumutung, sie zum Schweigen zu bringen und auf die Verborgenheit des Gewissens jedes Einzelnen zu beschränken oder sie ins Randdasein des geschlossenen, eingefriedeten Raums der Kirchen, Synagogen oder Moscheen zu verbannen. Das wäre dann letztlich eine neue Form von Diskriminierung und Autoritarismus." [EG 255]

Einer solchen Tendenz zum politischen Neutralisieren der Religionen setzt der Papst die Sorge um den Religionsverlust in vielen Kulturen entgegen: eine Besorgnis, die unser Gewissen beunruhigen soll, „dass so viele unserer Brüder und Schwestern ohne die Kraft, das Licht und den Trost der Freundschaft mit Jesus Christus leben, ohne eine Glaubensgemeinschaft, die sie aufnimmt, ohne einen Horizont von Sinn und Leben" [EG 49].

Im politischen Einsatz zumal der Gläubigen wäre es dem Papst zu wenig, bloß unpolitisch Not zu mildern. „Und unsere Antwort der Liebe dürfte auch nicht als eine bloße Summe kleiner persönlicher Gesten gegenüber irgendeinem Notleidenden verstanden werden; das könnte eine Art ‚Nächstenliebe à la carte' sein, eine Reihe von Taten, die nur darauf ausgerichtet sind, das eigene Gewissen zu beruhigen. Das Angebot ist das Reich Gottes (vgl. Lk 4,43); es geht darum, Gott zu lieben, der in der Welt herrscht." [EG 180]

Angesichts der großen Herausforderungen der Menschheit in sozialer und ökologischer Hinsicht, in den Bereichen Gerechtigkeit, Frieden und Bewahrung der Schöpfung sieht es der Papst als seine unumgängliche Aufgabe an, ohne Angst „die betäubten Gewissen aufzurütteln oder sich die Hände schmutzig zu machen". Die Familiensynode habe gezeigt, dass die Bereitschaft der Kirche zu einem solchen Einsatz zur politischen Gewissensbildung gegeben ist. [SYN] Auch das Jubiläumsjahr der Barmherzigkeit sieht er als einen Beitrag zum „Wachrütteln der Gewissen" an:

„Es ist mein aufrichtiger Wunsch, dass die Christen während des Jubiläums über die leiblichen und geistigen Werke der Barmherzigkeit nachdenken. Das wird eine Form sein, unser Gewissen, das gegenüber dem Drama der Armut oft eingeschlafen ist, wachzurütteln und immer mehr in die Herzmitte des Evangeliums vorzustoßen, in dem die Armen die Bevorzugten der göttlichen Barmherzigkeit sind." [MV 15]

Verantwortete Elternschaft

Auf das Gewissen kommt der Papst nicht nur in politischen Belangen, sondern auch hinsichtlich der Lebensgestaltung in Ehe und Familie zu sprechen.

Einen ersten Anlass dazu bietet das seit Humanae vitae leidige Thema der verantworteten Elternschaft und der moralischen Bewertung der Mittel zur Steuerung der Kinderzahl. Nach der Enzyklika von Paul VI. haben regionale Bischofskonferenzen pastorale Erläuterungen erlassen, die bei allem Respekt für die Position des Papstes ein Recht der Eltern auf eine eigene Gewissensentscheidung eingemahnt haben; „eigene Gewissensentscheidung" bedeutet im Konkreten eine von Humanae vitae abweichende Entscheidung. Papst Franziskus bestätigt diese vom Lehramt abweichende Position, wenn er schreibt: „Es ist wahr, dass das rechtschaffene Gewissen der Eheleute, wenn sie in der Weitergabe des Lebens sehr großzügig gewesen sind, sie zu der Entscheidung führen kann, die Kinderzahl aus genügend ernsten Gründen zu begrenzen." [AL 42] Zugleich lehnt er aber aus dem gleichen Respekt vor der Würde des Gewissens „Zwangseingriffe des Staates zugunsten von Verhütung, Sterilisation oder gar Abtreibung" ab [AL 42]. Er steht auch jenen Menschen bei, die im Gesundheitswesen arbeiten und die sich aus Gewissensgründen weigern, an Handlungen mitzuwirken, die sie für unmoralisch halten [AL 83].

Wenn er das Gewissen als letzte Instanz hervorkehrt, dann meint der Papst sehr wohl ein gebildetes Gewissen, wobei er bei der Gewissenbildung an eine Art geistlicher Begleitung denkt:

„Die verantwortliche Entscheidung für die Elternschaft setzt die Bildung des Gewissens voraus, ‚die verborgenste Mitte und das Heiligtum im Menschen, wo er allein ist mit Gott, dessen Stimme in diesem seinem Innersten zu hören ist' (Gaudium et spes, 16). Je mehr die Eheleute versuchen, in ihrem Gewissen auf Gott und seine Gebote zu hören (vgl. Röm 2,15) und sich geistlich begleiten lassen, desto mehr wird ihre Entscheidung zuinnerst frei von subjektiver Willkür und von der Anpassung an Verhaltensweisen ihres Umfelds sein. Die klare Aussage des Zweiten Vatikanischen Konzils bleibt bestehen: Beide sollen ‚durch gemeinsame Überlegung versuchen, sich ein sachgerechtes Urteil zu bilden. Hierbei müssen sie auf ihr eigenes Wohl wie auf das ihrer Kinder – der schon geborenen oder zu erwartenden – achten; sie müssen die materiellen und geistigen Verhältnisse der Zeit und ihres Lebens zu erkennen suchen und schließlich auch das Wohl der Gesamtfamilie, der weltlichen Gesellschaft und der Kirche berücksichtigen. Dieses Urteil müssen im Angesicht Gottes die Eheleute letztlich selbst fällen.'" [AL 222]

Im Schwangerschaftsabbruch sieht der Papst keine taugliche Form verantworteter Elternschaft. Dennoch verpflichtet er die Verantwortlichen in der Seelsorge, „die Frauen angemessen zu begleiten, die sich in sehr schweren Situationen befinden, wo der Schwangerschaftsabbruch ihnen als eine schnelle Lösung ihrer tiefen Ängste erscheint, besonders, wenn das Leben, das in ihnen wächst, als Folge einer Gewalt oder im Kontext extremer Armut entstanden ist. Wer hätte kein Verständnis für diese so schmerzlichen Situationen?" [EG 214]

Begleitende Pastoral

Dem Papst ist klar, dass die von ihm forcierte Akzentverlagerung vom Lehramt zum Gewissen, damit vom Gesetz zum Gesicht, in der traditionellen Pastoralkultur wenig Unterstützung findet. Aber genau dieser üblichen Pastoralkultur wirft er vor, dass sie ihrerseits dem Menschen kaum Unterstützung gegeben hat:

„Lange Zeit glaubten wir, dass wir allein mit dem Beharren auf doktrinellen, bioethischen und moralischen Fragen und ohne dazu anzuregen, sich der Gnade zu öffnen, die Familien bereits ausreichend unterstützten, die Bindung der Eheleute festigten und ihr miteinander geteiltes Leben mit Sinn erfüllten. Wir haben Schwierigkeiten, die Ehe vorrangig als einen dynamischen Weg der Entwicklung und Verwirklichung darzustellen und nicht so sehr als eine Last, die das ganze Leben lang zu tragen ist. Wir tun uns ebenfalls schwer, dem Gewissen der Gläubigen Raum zu geben, die oftmals inmitten ihrer Begrenzungen, so gut es ihnen möglich ist, dem Evangelium entsprechen und ihr persönliches Unterscheidungsvermögen angesichts von Situationen entwickeln, in denen alle Schemata auseinanderbrechen. Wir sind berufen, die Gewissen zu bilden, nicht aber dazu, den Anspruch zu erheben, sie zu ersetzen." [AL 37]

Der Papst kann viele Gründe (auch aus der Tradition übrigens) anführen, die dafür sprechen, das Gewissen mehr in die Pastoral einzubeziehen. Einer der Gründe ist, dass niemand von außen her und nur mit Hilfe objektiver Gesetze die wahre Lage des einzelnen Menschen vor Gott in den so vielfältigen und oft unbeeinflussbaren Umständen redlich beurteilen kann. Das gelingt oftmals selbst den einzelnen Personen nur annähernd: Aber sie sind es, die für das, was sie erkennen, vor Gott die Verantwortung haben. Solche Gewissenstreue wird auch Ungläubige retten: „Nichtchristen können, dank der ungeschuldeten göttlichen Initiative und wenn sie treu zu ihrem Gewissen stehen, ‚durch Gottes Gnade gerechtfertigt' und auf diese Weise ‚mit dem österlichen Geheimnis Christi verbunden werden'." [EG 254]

Dabei kann es durchaus geschehen, dass sich jemand in seinem Gewissen für eine persönliche Lebensgestalt(ung) entscheidet, die mit den allgemeinen Gesetzen Gottes und der Kirche nicht im Einklang steht.

„Aufgrund der Erkenntnis, welches Gewicht die konkreten Bedingtheiten haben, können wir ergänzend sagen, dass das Gewissen der Menschen besser in den Umgang der Kirche mit manchen Situationen einbezogen werden muss, die objektiv unsere Auffassung der Ehe nicht verwirklichen. Selbstverständlich ist es notwendig, zur Reifung eines aufgeklärten, gebildeten und von der verantwortlichen und ernsten Unterscheidung des Hirten begleiteten Gewissens zu ermutigen und zu einem immer größeren Vertrauen auf die Gnade anzuregen. Doch dieses Gewissen kann nicht nur erkennen, dass eine Situation objektiv nicht den generellen Anforderungen des Evangeliums entspricht. Es kann auch aufrichtig und ehrlich das erkennen, was vorerst die großherzige Antwort ist, die man Gott geben kann, und mit einer gewissen moralischen Sicherheit entdecken, dass dies die Hingabe ist, die Gott selbst inmitten der konkreten Vielschichtigkeit der Begrenzungen fordert, auch wenn sie noch nicht völlig dem objektiven Ideal entspricht. Auf jeden Fall sollen wir uns daran erinnern, dass diese Unterscheidung dynamisch ist und immer offen bleiben muss für neue Phasen des Wachstums und für neue Entscheidungen, die erlauben, das Ideal auf vollkommenere Weise zu verwirklichen.“ [AL 303]

Für den Papst sind solche tiefschürfende Gedanken zum Gewissen keine abstrakte Spielwiese. Er entwickelt sie ja in jenem kirchlichen Diskursraum, den er in der Familiensynode etabliert hat. Und hier geht es um Ernstfälle des Lebens, von denen her das theologische Nachdenken gespeist wird und denen die Ergebnisse dienen sollen. Einen solchen Ernstfall umschreibt der Papst so:

„Es gibt den Fall einer zweiten, im Laufe der Zeit gefestigten Verbindung, mit neuen Kindern, mit erwiesener Treue, großherziger Hingabe, christlichem Engagement, mit dem Bewusstsein der Irregularität der eigenen Situation und großer Schwierigkeit, diese zurückzudrehen, ohne im Gewissen zu spüren, dass man in neue Schuld fällt." [AL 289]

Eben bei diesen oft nicht einfachen Gewissensentscheidungen soll die Pastoral, wie der Papst sie sich wünscht, begleitend Unterstützung geben. „Die pastorale Bemühung, die Geister zu unterscheiden, muss sich, auch unter Berücksichtigung des recht geformten Gewissens der Menschen, dieser Situationen annehmen." [AL 302]

Kunst der Begleitung

Immer wieder taucht folgerichtig im Umkreis des Respekts vor den Einzelnen und deren Gewissen das pastorale Leitwort vom „begleiten" auf. Der Papst entwirft im Kontext unserer Zivilisation eine solche „Kunst des Begleitens".

„In einer Zivilisation, die an der Anonymität leidet und paradoxerweise zugleich, schamlos krank an einer ungesunden Neugier, darauf versessen ist, Details aus dem Leben der anderen zu erfahren, braucht die Kirche den Blick der Nähe, um den anderen anzuschauen, gerührt zu werden und vor ihm Halt zu machen, so oft es nötig ist. In dieser Welt können die geweihten Diener und die übrigen in der Seelsorge Tätigen den Wohlgeruch der Nähe und Gegenwart Jesu und seines persönlichen Blicks wahrnehmbar machen. Die Kirche wird ihre Glieder – Priester, Ordensleute und Laien – in diese ‚Kunst der Begleitung' einführen müssen, damit alle stets lernen, vor dem heiligen Boden des anderen sich die Sandalen von den Füßen zu streifen (vgl. Ex 3,5). Wir müssen unserem Wandel den heilsamen Rhythmus der Zuwendung geben, mit einem achtungsvollen Blick voll des Mitleids, der aber zugleich heilt, befreit und zum Reifen im christlichen Leben ermuntert." [EG 169]

Diese Kunst des Begleitens – man könnte auch von einer Kultur des Begleitens sprechen – soll in ihrem Facettenreichtum anhand konkreter Texte nunmehr vorgestellt werden.

Sich (vor) Gott stellen

Ein erster Grundsatz kann lauten, dass es beim Begleiten immer darum geht, dass der Einzelne, in seinem Gewissen verantwortliche Mensch, vor Gott gerät, dessen zuvorkommendes Entgegenkommen wahrnimmt und im zärtlichen Blick Jesu bereit ist, ohne Verstellung die eigene Situation zu erkennen und gegebenenfalls im Rahmen des Zumutbaren und Möglichen auch zu verändern:

„Sie [die Synodenväter] gingen von dem Blick Jesu aus und wiesen darauf hin, dass er ‚mit Liebe und Zärtlichkeit auf die Männer und Frauen geblickt [hat], die ihm begegneten; als er die Erfordernisse des Gottesreiches verkündete, hat er ihre Schritte mit Wahrheit, Geduld und Barmherzigkeit begleitet'. So begleitet uns der Herr auch heute in unseren Bestrebungen, das Evangelium der Familie zu leben und zu übermitteln." [AL 60]

„Auf diese Weise zeigt Jesus, wie Gottes Entgegenkommen den Weg der Menschen immer begleitet, die verhärteten Herzen mit seiner Gnade heilt und verwandelt und sie über den Weg des Kreuzes auf ihren Ursprung hin ausrichtet." [AL 62]

Dieses „Sich-vor-Gott-Hinstellen" und damit das „Sich-Gott-Stellen" ist keineswegs immer bequem. Denn es kann die lange verdrängte Wahrheit über das eigene Leben ans Licht kommen. Die Gewissen werden erleuchtet, „die oft von schädlichen und unterschwelligen Dynamiken eingekreist sind und die sogar versuchen, den Platz des Schöpfergottes einzunehmen – diese Dynamiken müssen enttarnt und bekämpft werden unter vollkommener Achtung der Würde jedes Menschen“ [SYN, FN 8].

Dass Paare entdecken, dass ihnen der geliebte Mensch von Gott geschenkt ist und dass sie auf diesem Pfad ihrer Liebe eine Entdeckung ihres Gottes machen, kann als „geistliche Begleitung“ beschrieben werden. An einer solchen „geistlichen Begleitung“ ist dem Papst sehr gelegen. An geistliche Begleitung hat der Papst hohe Ansprüche und Erwartungen. Sie muss „mehr und mehr zu Gott hinführen, denn in ihm können wir die wahre Freiheit erlangen. Einige halten sich für frei, wenn sie abseits von Gott eigene Wege gehen. Aber sie merken nicht, dass sie dabei existentiell verwaisen, dass sie ohne Schutz sind, ohne ein Heim, in das sie immer zurückkehren können. Sie hören auf, Pilger zu sein, und werden zu Umherirrenden, die immer um sich selbst kreisen, ohne je an ein Ziel zu gelangen. Die Begleitung wäre allerdings kontraproduktiv, wenn sie zu einer Art Therapie würde, die diese Verschlossenheit der Personen in sich selbst fördert, und aufhörte, Wanderschaft mit Christus zum Vater zu sein.“ [EG 170] Gute geistliche Begleitung führt aber nicht nur auf den Weg nach innen – hin vor jenes Geheimnis, welches das Leben im Grund immer schon ist –, sondern macht auch missionarisch. Familien gewinnen dann Kinder, sich der von Jesus ausgelösten Bewegung anzuschließen. Familien teilen anderen ihre gläubigen Erfahrungen mit, ihre Freuden und wie sie mit „göttlichem Rückenwind“ manche Krisen gemeistert haben. Solche Familien beteiligen sich als Getaufte gemeinsam an der Verkündigung des Evangeliums, durch ihr gläubiges Leben, durch ihr Antworten, wenn sie von anderen gefragt werden:

„Die wahre geistliche Begleitung beginnt und entfaltet sich immer im Bereich des Dienstes am Evangelisierungsauftrag. Die Beziehung des Paulus zu Timotheus und Titus ist ein Beispiel dieser Begleitung und Bildung im Zuge des apostolischen Wirkens. Während er ihnen den Auftrag erteilt, in der Stadt zu bleiben, ‚damit du das, was noch zu tun ist, zu Ende führst‹ (Tit 1,5; vgl. 1 Tim 1,3–5), gibt er ihnen Hinweise für ihr persönliches Leben und die pastorale Arbeit. Hier liegt ein klarer Unterschied zu jeder Form von intimistischer, auf isolierte Selbstverwirklichung bedachter Begleitung. Missionarische Jünger begleiten missionarische Jünger." [EG 173]

Vor allen praktischen Anweisungen für das Gelingen von Ehe und Familie liegt dem Papst daran, dass der letztlich entscheidende Dienst der Kirche ist, die Liebenden unter den Baldachin Gottes zu bringen, wie es die jüdische Trauungsliturgie vorsieht: „Wir Hirten müssen die Familien ermutigen, im Glauben zu wachsen. Zu diesem Zweck ist es gut, sie zu häufigem Beichten, zu geistlicher Begleitung und dem Besuch von Einkehrtagen zu animieren. Man soll sie auch dazu anregen, wöchentliche Freiräume für das Gebet in der Familie zu schaffen, denn ‚die Familie, die vereint betet, bleibt vereint'." [AL 227]

Die Entscheidung des Einzelnen unterstützen

Ein zweiter Grundsatz ist die zuvor aufgezeigte Bedeutung, die dem unvertretbaren Gewissen des Einzelnen vor Gott zukommt. Jede und jeder muss letztlich selbst urteilen und entscheiden. Begleitung kann daher nur Dienst an der Gewissens-basierten Entscheidung des Einzelnen sein, eine

Entscheidung, die oftmals schwierig und dennoch zugemutet ist. Das verlangt vom Begleiter eine feinfühlige Empathie; zugleich ist es die Aufgabe des von der Kirche bereitgestellten Begleiters, Anwalt des Evangeliums zu sein und zu versuchen, dass dieses in der Gewissenentscheidung nicht übergangen oder verkürzt, weil zur eigenen „Entschuldigung", gelesen wird:

„Der Begleiter versteht es, die Situation jedes Einzelnen vor Gott anzuerkennen. Sein Leben in der Gnade ist ein Geheimnis, das niemand von außen ganz verstehen kann. Das Evangelium schlägt uns vor, einen Menschen zurechtzuweisen und ihm aufgrund der Kenntnis der objektiven Bosheit seiner Handlungen wachsen zu helfen (vgl. Mt 18,15), ohne jedoch über seine Verantwortung und seine Schuld zu urteilen (vgl. Mt 7,1; Lk 6,37). Ein guter Begleiter lässt freilich fatalistische Haltungen und Kleinmut nicht zu. Immer lädt er ein, sich heilen zu lassen, seine Bahre zu nehmen (vgl. Joh 5,8), das Kreuz zu umarmen, alles hinter sich zu lassen, immer neu aufzubrechen, um das Evangelium zu verkünden. Die eigene Erfahrung, uns begleiten und heilen zu lassen, indem es uns gelingt, unser Leben mit vollkommener Aufrichtigkeit vor unserem Begleiter auszubreiten, lehrt uns, mit den anderen Geduld zu haben und verständnisvoll zu sein, und ermöglicht uns, die Wege zu finden, um ihr Vertrauen zu wecken, sodass sie sich öffnen und bereit sind zu wachsen." [EG 172]

Positive Sprache

Als dritter Grundsatz kann gelten, dass der Papst es ablehnt, „schlechtes Gewissen" zu erzeugen, wo dieses keinen Ansatzpunkt im subjektiven Handeln der Person hat. Auf dieses Anliegen kommt der Papst mehr beiläufig im Rahmen seiner

„kleinen Predigtlehre" in Evangelii gaudium [EG 135–159] zu sprechen. Dort fordert er vom Prediger eine „positive Sprache. Sie sagt nicht so sehr, was man nicht tun darf, sondern zeigt vielmehr, was wir besser machen können. Wenn sie einmal auf etwas Negatives hinweist, dann versucht sie immer, auch einen positiven Wert aufzuzeigen, der anzieht, um nicht bei der Klage, beim Gejammer, bei der Kritik oder bei Gewissensbissen stehen zu bleiben." [EG 159]

Langer Atem

Eine Pastoral der Begleitung hat einen langen Atem. Grenzen werden berücksichtigt. Die Vorgänge können hart und langwierig sein.

So haben die Evangelisierenden den „Geruch der Schafe", und diese hören auf ihre Stimme. Die evangelisierende Gemeinde stellt sich also darauf ein, zu „begleiten". Sie begleitet die Menschheit in all ihren Vorgängen, so hart und langwierig sie auch sein mögen. Sie kennt das lange Warten und die apostolische Ausdauer. Die Evangelisierung hat viel Geduld und vermeidet, die Grenzen nicht zu berücksichtigen. [EG 24]

Zwei evaluierende Anmerkungen zur Praxis der Begleitung sind erwähnenswert. So beklagt der Papst einerseits „das Fehlen einer pastoralen Begleitung für die Ärmsten" [EG 70]. Andererseits lobt er den Einsatz engagierter Kirchenmitglieder, die „ihr Leben aus Liebe hingeben. Sie helfen vielen Menschen, sich in Krankenhäusern behandeln zu lassen oder dort in Frieden zu sterben; in den ärmsten Gegenden der Erde begleiten sie Menschen, die Sklaven verschiedener Abhängigkeiten geworden sind; sie opfern sich auf in der Erziehung von Kindern und Jugendlichen; sie kümmern sich um alte Menschen, die von allen verlassen sind; sie versuchen, in feindlicher Umgebung Werte zu vermitteln, oder sie widmen sich auf viele andere Arten, die die grenzenlose Liebe zur Menschheit deutlich machen, die der Mensch gewordene Gott uns eingegeben hat." [EG 76]

Situationen für die Begleitung

Alltägliche Begleitung

Das Hauptfeld für die Entwicklung einer „Kultur der Begleitung" ist – es liegt nahe – die Ehe- und Familienpastoral in Amoris laetitia. Der Papst wünscht sich eine Begleitung von Paaren die gesamte Paargeschichte entlang. Die Fürsorge des Gelingens der Ehen in all ihren Entwicklungsstufen wird unter der großen Überschrift „begleiten" konkretisiert. So formuliert der Papst gleichsam zusammenfassend:

„Die Kirche möchte mit demütigem Verstehen auf die Familien zugehen, und es ist ihr Wunsch, ‚jede einzelne und alle Familien zu begleiten, damit sie den besten Weg entdecken, um die Schwierigkeiten zu überwinden, denen sie begegnen'. Es genügt nicht, eine allgemeine Sorge um die Familie in die großen Pastoralpläne aufzunehmen. Damit die Familien immer stärker aktive Subjekte der Familienpastoral sein können, bedarf es ‚eines evangelisierenden und katechetischen Bemühens, das auf das Innere der Familie gerichtet ist' und ihnen in diesem Sinn Orientierung bietet." [AL 200]

Sodann werden konkrete Situationen auf dem langen Weg einer Ehe- und Familiengeschichte genannt, die für eine kirchliche Begleitung Anlass bieten. Der Bogen reicht vom Anfang der Liebe bis zum schmerzlichen Verlust des Partners, der Partnerin.

So wird die Kirche bereits „den Weg der Liebe der Verlobten ... begleiten“ [AL 207]. Dazu wird sie „eine früh ansetzende Vorbereitung anbieten, welche die Liebe der beiden reifen lässt. Dazu bedarf es einer Begleitung, die ihnen nahe ist und Zeugnis gibt“ [AL 208]. In der Vorbereitung auf die Ehe soll auf das Wachsen eines reifen und gelebten Glaubens Wert gelegt werden. „Diejenigen, die sie in der Vorbereitung auf die Ehe begleiten, müssten sie so orientieren, dass sie diese Momente des Gebetes, die ihnen sehr gut tun können, zu leben verstehen.“ [AL 216]

Manchmal kann solche Begleitung dazu führen, dass ein Paar erkennt, nicht füreinander bestimmt zu sein: „Wenn es der Pfarrgemeinde gelingt, die bereits Verlobten eine gute Zeit vorher zu begleiten, dann muss diese Vorbereitung auch die Möglichkeit schaffen, Unverträglichkeiten oder Risiken zu erkennen.“ [AL 209]

Eine Hauptphase der Begleitung ist die Trauung. Dabei denkt der Papst nicht nur an die Hochzeiten von Paaren, wo sich kirchlicherseits keine Fragen stellen. Vielmehr soll die Begleitung auf Paare ausgeweitet werden, „die einfach so zusammenleben oder nur zivil verheiratet oder geschieden und wiederverheiratet sind...“ [AL 78]. Diese Menschen sind mit „Geduld und Feingefühl anzunehmen und zu begleiten“ [AL 294]. „Wenn eine Verbindung durch ein öffentliches Band offenkundig Stabilität erlangt – und von tiefer Zuneigung, Verantwortung gegenüber den Kindern, von der Fähigkeit, Prüfungen zu bestehen, geprägt ist –, kann dies als Chance gesehen werden, sie zum Ehesakrament zu begleiten, wo dies möglich ist.“ Aus seinen lateinamerikanischen Erfahrungen weiß der Papst, dass eine kirchliche Trauung bei nicht wenigen aus Armut nicht möglich ist. [AL 294]

Mit der Trauung soll aber das Begleiten nicht enden. „Die Synodenväter haben darauf hingewiesen, dass ‚die ersten Jahre der Ehe [...] ein wesentlicher und heikler Zeitabschnitt [sind], während dessen die Paare im Bewusstsein der Herausforderung und der Bedeutung der Ehe wachsen. Hieraus ergibt sich das Erfordernis einer pastoralen Begleitung, die nach der Feier des Sakramentes fortgesetzt wird'." [AL 223] Eine Begleitung in den ersten Ehejahren gilt somit als „unerlässlich" [AL 217]. Alle diese begleitenden Maßnahmen sollen einerseits bewirken, dass die Getauften die Bedeutung einer kirchlichen Eheschließung (und damit des Ehesakramentes) verstehen und sie befähigt werden, das gegebene Versprechen der lebenslangen Treue auch zu halten:

„Sowohl die unmittelbare Vorbereitung als auch die Begleitung über längere Zeit müssen sicherstellen, dass die Verlobten die Heirat nicht als das Ende eines Weges ansehen, sondern die Ehe als eine Berufung annehmen, die sie vorwärtstreibt, mit dem festen und realistischen Entschluss, alle Prüfungen und schwierigen Momente gemeinsam zu durchleben." [AL 211]

Der Papst sieht in der Kette der Begleitung von Paaren durch die Kirche auch Mängel. Er klagt darüber, dass „wir die Neuvermählten in ihren ersten Ehejahren nicht immer gut begleitet [haben], etwa mit Angeboten, die auf ihre Zeitpläne, ihren Sprachgebrauch und ihre wirklich konkreten Sorgen eingehen" [AL 36]. Er „begrüßt, dass die Kirche Bereiche der Begleitung und Beratung zu Fragen anbietet, die mit dem Wachstum der Liebe, der Konfliktbewältigung und der Kindererziehung" zu tun haben [AL 38]. Die Kirche soll die Eltern in ihrer „Erziehungsrolle begleiten" [AL 52]. Bei solcher Begleitung eines jungen Ehepaares erhofft sich die Kirche eine Unterstützung von erfahrenen Familien aus der

Nachbarschaft der Neuvermählten: „Es kann auch nützlich sein, reifere Ehepaare mit der Aufgabe zu betrauen, jung verheiratete Eheleute in ihrer Nachbarschaft zu begleiten, indem sie sie besuchen, sie in ihren Anfängen begleiten und ihnen einen Weg des Wachstums vorschlagen." [AL 230]

Dem Papst entgeht nicht, dass nach einer Trauung sich Paare vom kirchlichen Leben zurückziehen. Aber es gebe „Gelegenheiten, in denen sie wieder auftauchen und wir ihnen das Ideal der christlichen Ehe auf anziehende Weise erneut nahelegen und sie mit Formen der Begleitung in Kontakt bringen könnten. Ich beziehe mich zum Beispiel auf die Taufe eines Kindes, auf die Erstkommunion oder wenn sie an einem Trauergottesdienst oder an der Hochzeit eines Verwandten" teilnehmen [AL 230].

Die Begleitung muss die Eheleute ermutigen, großherzig in der Weitergabe des Lebens zu sein [AL 222]. Sind Kinder geboren, sollen die Eltern zusätzliche Begleitung erhalten. Das gilt auch für Paare, die sich trennen, aber dennoch Eltern bleiben: „Darum dürfen die christlichen Gemeinden die geschiedenen Eltern in neuer Verbindung nicht alleine lassen. Im Gegenteil, sie müssen sie einschließen und in ihrer Erziehungsaufgabe begleiten." [AL 246]

Eine respektvolle Begleitung sollen Familien erhalten, die ein Kind mit einer homosexuellen Tendenz haben. Diese Passage ist das, was von einer breiten Debatte auf der Familiensynode über die Homosexualität übriggeblieben ist: „In Bezug auf die Familien kommt es hingegen darauf an, eine respektvolle Begleitung zu gewährleisten, damit diejenigen, welche die homosexuelle Tendenz zeigen, die notwendigen Hilfen bekommen können, um den Willen Gottes in ihrem Leben zu begreifen und ganz zu erfüllen." [AL 250]

Mit großer Dringlichkeit fordert der Papst, Familien beim Tod eines geliebten Menschen zur Seite zu stehen. „Wir müssen hier das Licht des Glaubens anbieten, um die Familien zu begleiten, die in diesen Momenten leiden. Eine Familie zu verlassen, wenn sie durch einen Tod verletzt ist, wäre ein schwerer Mangel an Barmherzigkeit und bedeutete, eine Gelegenheit zu verpassen, wo Pastoral gefragt ist. So eine Haltung kann uns für jede andere Initiative der Evangelisierung die Türen verschließen." [AL 253] Realistisch und sehr pragmatisch fügt er hinzu: „Im Allgemeinen erfordert die Trauer für die Verstorbenen ziemlich viel Zeit, und wenn ein Seelsorger diesen Prozess begleiten will, muss er sich an die Bedürfnisse jeder einzelnen Phase anpassen." [AL 255]

In Krisen begleiten

Neben der alltäglichen Begleitung von Ehen und Familien über den gesamten Lebensbogen hinweg gibt der Papst der Begleitung in Krisensituation einen hohen Stellenwert. Es sind ja nach Jesu Worten nicht die Gesunden, die des Arztes bedürfen, sondern die Kranken (Lk 5,31).

Solche Krisenbegleitung kann präventiv sein mit dem Ziel einer kooperativen Konfliktbearbeitung. Auf diese Weise können Krisen Wachstumsschübe in einer Beziehung auslösen. Die Seelsorger sollen mit Krisen-erfahrenen Ehepaaren zusammenwirken, um Ehepaare in Krisen zu begleiten:

„Es ist gut, die Eheleute zu begleiten, damit sie die Krisen, in die sie geraten, hinnehmen können und imstande sind, sich der Herausforderung zu stellen und sie zu einem Ort im Leben der Familie zu machen. Die von der Erfahrung geprägten Ehepaare müssen bereit sein, andere in dieser Entdeckung so zu begleiten, dass die Krisen sie nicht erschrecken, noch sie dazu bringen, übereilte Entschlüsse zu fassen.

Jede Krise birgt eine gute Nachricht, die zu hören man lernen muss, indem man das Ohr des Herzens verfeinert." [AL 232]

Wiederverheiratete Geschiedene begleiten

Breiten Raum hat schon vor der Familiensynode die pastorale Frage eingenommen, wie die Kirche mit Kirchenmitgliedern umgeht, deren sakramentales Eheversprechen nicht gehalten hat und die nach der Scheidung eine neue Verbindung eingegangen sind. Die bisherige Praxis tendierte in Richtung auf „Ausschluss", der von den Betroffenen auch so wahrgenommen wurde.

Schon der Titel des einschlägigen Abschnittes in Amoris laetitia zeigt, dass der Papst auch in diesem Belang einen Wandel in der Pastoralkultur will: „Die Zerbrechlichkeit begleiten, unterscheiden und eingliedern." [AL 291]

Die Begleitung beginne damit, mit großer Empathie deren Leid anzunehmen und zu achten [AL 242]. Das ist insbesondere dann dringlich, „wenn Kinder vorhanden sind, oder sie unter schwerer Armut leiden" [AL 242]. Die Pastoral des Papstes erweist sich als leidempfindlich. Wie schon Papst Johannes Paul II. in Familiaris consortio (1980, FC 83) vermerkte, ist zudem „wichtig, sie spüren zu lassen, dass sie Teil der Kirche sind, dass sie ‚keineswegs exkommuniziert' sind und nicht so behandelt werden, weil sie immer Teil der kirchlichen Communio sind. Diese Situationen ‚verlangen eine aufmerksame Unterscheidung und von großem Respekt gekennzeichnete Begleitung, die jede Ausdrucksweise und Haltung vermeidet, die sie als diskriminierend empfinden könnten.'" [AL 243] Eine solche Begleitung müsse aufmerksam und fürsorglich sein „und ihnen Vertrauen und Hoffnung geben wie das Licht eines Leuchtturms im Hafen oder das einer Fackel, die unter die Menschen gebracht wird, um jene zu erleuchten, die die Richtung verloren haben oder sich in einem Sturm befinden.' Vergessen wir nicht, dass die Aufgabe der Kirche oftmals der eines Feldlazaretts gleicht." [AL 291]

Die Logik der Integration

Bestimmte in der bisherigen pastoralen Praxis rund um Scheidung und Wiederheirat die Logik der Exklusion und der „Exkommunikation" (insofern vom Empfang der Kommunion ausgeschlossen wurde), solle künftig eine „Logik der Integration" die Praxis prägen.

„Ich nehme die Bedenken vieler Synodenväter auf, die darauf hinweisen wollten, dass ‚Getaufte, die geschieden und zivil wiederverheiratet sind, [...] auf die verschiedenen möglichen Weisen stärker in die Gemeinschaft integriert werden [müssen], wobei zu vermeiden ist, jedwelchen Anstoß zu erregen. Die Logik der Integration ist der Schlüssel ihrer pastoralen Begleitung, damit sie nicht nur wissen, dass sie zum Leib Christi, der die Kirche ist, gehören, sondern dies als freudige und fruchtbare Erfahrung erleben können. Sie sind Getaufte, sie sind Brüder und Schwestern, der Heilige Geist gießt Gaben und Charismen zum Wohl aller auf sie aus. Ihre Teilnahme kann in verschiedenen kirchlichen Diensten zum Ausdruck kommen: es ist daher zu unterscheiden, welche der verschiedenen derzeit praktizierten Formen des Ausschlusses im liturgischen, pastoralen, erzieherischen und institutionellen Bereich überwunden werden können. Sie sollen sich nicht nur als nicht exkommuniziert fühlen, sondern können als lebendige Glieder der Kirche leben und reifen, indem sie diese wie eine Mutter empfinden, die sie immer aufnimmt, sich liebevoll um sie kümmert und sie auf dem

Weg des Lebens und des Evangeliums ermutigt. Diese Integration ist auch notwendig für die Sorge und die christliche Erziehung ihrer Kinder, die als das Wichtigste anzusehen sind.'" [AL 299]

Diese Logik der Eingliederung letztlich in das volle kirchliche Leben (also auch in die sakramentale Communio) wird untermauert mit den schon bekannten moraltheologischen Einsichten. Entscheidend ist die in der Tradition durchaus vorhandene Erkenntnis, dass eine Scheidung und eine nachfolgende (standesamtliche) Wiederheirat den Zustand einer objektiven Schuld darstelle. Es könne aber durchaus sein, dass es subjektiv zu keiner Anrechnung dieser Schuld komme. Dazu zitiert der Papst den Katechismus der Weltkirche: „Die Anrechenbarkeit einer Tat und die Verantwortung für sie können durch Unkenntnis, Unachtsamkeit, Gewalt, Furcht, Gewohnheiten, übermäßige Affekte sowie weitere psychische oder gesellschaftliche Faktoren vermindert, ja sogar aufgehoben sein." [EG 44]

Via caritatis

In einer solchen Situation sei es entscheidend, die Betroffenen „auf einem Weg der Öffnung auf Gott hin [zu] begleiten" [EG 44]. Die Begleitung werde sich also primär nicht allein um pastorale Aufarbeitung der nicht mehr umkehrbaren Situation kümmern. Vielmehr gelte es, ein Leben in der Liebe zu fördern:

„Unter allen Umständen muss gegenüber jenen, die Schwierigkeiten haben, das göttliche Gesetz völlig in ihr Leben umzusetzen, die Einladung erklingen, die via caritatis, den Weg der Liebe, zu beschreiten. Die Nächstenliebe ist das vorrangige Gesetz der Christen (vgl. Joh 15,12; Gal 5,14). Vergessen wir nicht die Verheißung der Schrift: ‚Vor allem haltet fest an der Liebe zueinander; denn die Liebe deckt viele Sünden zu‘ (1 Petr 4,8). ‚Lösch deine Sünden aus durch rechtes Tun, tilge deine Vergehen, indem du Erbarmen hast mit den Armen‘ (Dan 4,24). ‚Wie Wasser loderndes Feuer löscht, so sühnt Mildtätigkeit Sünde‘ (Sir 3,30). Das ist es auch, was der heilige Augustinus lehrt: ‚Wie wir in der Gefahr eines Brandes eilen würden, um Löschwasser zu suchen […], so ist es auch, wenn aus unserem Stroh die Flamme der Sünde aufsteigen würde und wir darüber verstört wären: Wird uns dann die Gelegenheit zu einem Werk der Barmherzigkeit gegeben, freuen wir uns über dieses Werk, als sei es eine Quelle, die uns angeboten wird, damit wir den Brand löschen können.‘“ [AL 306]

Wachstumsstufen

Wie bei allen Menschen helfe auf solchen geistlichen Wegen das Wissen um das „Gesetz der Gradualität“, das nunmehr als Gesetz des geistlichen Wachsens und Reifens gelesen wird. Die pastorale Begleitung, die immer eine geistliche Begleitung ist, unterstützt die „möglichen Wachstumsstufen der Menschen, die Tag für Tag aufgebaut werden, mit Barmherzigkeit und Geduld“. Das schaffe eine Gelegenheit „für die ‚Barmherzigkeit des Herrn, die uns anregt, das mögliche Gute zu tun‘“ [AL 308]. Der Papst ist davon überzeugt, dass die Stärkung der geistlichen Dimension des Lebens die Qualität von Entscheidungen hebt: „Je mehr die Eheleute versuchen, in ihrem Gewissen auf Gott und seine Gebote zu hören (vgl. Röm 2,15), und sich geistlich begleiten lassen, desto mehr wird ihre Entscheidung zuinnerst frei von subjektiver Willkür und von der Anpassung an Verhaltensweisen ihres Umfelds sein.“ [AL 222] Solche Begleitung kann sich dann über kleine Schritte in Richtung wachsender Liebe freuen, in dem Wissen, dass wachsende Liebe sich dem Wirken der Gnade verdankt:

„Daher muss man, ohne den Wert des vom Evangelium vorgezeichneten Ideals zu mindern, die möglichen Wachstumsstufen der Menschen, die Tag für Tag aufgebaut werden, mit Barmherzigkeit und Geduld begleiten. Die Priester erinnere ich daran, dass der Beichtstuhl keine Folterkammer sein darf, sondern ein Ort der Barmherzigkeit des Herrn, die uns anregt, das mögliche Gute zu tun. Ein kleiner Schritt inmitten großer menschlicher Begrenzungen kann Gott wohlgefälliger sein als das äußerlich korrekte Leben dessen, der seine Tage verbringt, ohne auf nennenswerte Schwierigkeiten zu stoßen. Alle müssen von dem Trost und dem Ansporn der heilbringenden Liebe Gottes erreicht werden, der geheimnisvoll in jedem Menschen wirkt, jenseits seiner Mängel und Verfehlungen." [EG 44; AL 308]

Für diese Entwicklung ist, so das Wesen des Konzepts einer Pastoral der Begleitung, nicht der Begleiter, sondern der Betroffene in seinem Gewissen verantwortlich. Die Kirche kann niemandem diese Verantwortung abnehmen. Für den Betroffenen ist es dabei unabdingbar, eine realistische Beurteilung der eigenen Lage zu finden und darauf gestützt jene Entscheidung zu treffen, welche die Kirche (dankbar für das Wirken Gottes im Gewissen) annimmt.

„Aufgrund der Erkenntnis, welches Gewicht die konkreten Bedingtheiten haben, können wir ergänzend sagen, dass das Gewissen der Menschen besser in den Umgang der Kirche mit manchen Situationen einbezogen werden muss, die objektiv unsere Auffassung der Ehe nicht verwirklichen. Selbstverständlich ist es notwendig, zur Reifung eines aufgeklärten, gebildeten und von der verantwortlichen und ernsten Unterscheidung des Hirten begleiteten Gewissens zu ermutigen und zu einem immer größeren Vertrauen auf die Gnade anzuregen. Doch dieses Gewissen kann nicht nur erkennen, dass eine Situation objektiv nicht den generellen Anforderungen des Evangeliums entspricht. Es kann auch aufrichtig und ehrlich das erkennen, was vorerst die großherzige Antwort ist, die man Gott geben kann, und mit einer gewissen moralischen Sicherheit entdecken, dass dies die Hingabe ist, die Gott selbst inmitten der konkreten Vielschichtigkeit der Begrenzungen fordert, auch wenn sie noch nicht völlig dem objektiven Ideal entspricht. Auf jeden Fall sollen wir uns daran erinnern, dass diese Unterscheidung dynamisch ist und immer offen bleiben muss für neue Phasen des Wachstums und für neue Entscheidungen, die erlauben, das Ideal auf vollkommenere Weise zu verwirklichen." [AL 303]

Betroffene, die sich im Rahmen ihrer persönlichen Glaubensgeschichte auf diesem Weg der Heilung ihrer Trennung und Scheidung und der Aufarbeitung der neuen Verbindung befinden, können mit pastoraler Unterstützung der Kirche rechnen. Im „Forum internum", also im geschützten Raum der Seelsorge, soll es zu einer Begleitung kommen mit dem Ziel, mit der Gabe des Heiligen Geistes zur Unterscheidung die Lage vor Gott anzuschauen:

„Das Gespräch mit dem Priester im Forum internum trägt zur Bildung einer rechten Beurteilung dessen bei, was die Möglichkeit einer volleren Teilnahme am Leben der Kirche behindert, und kann helfen, Wege zu finden, diese zu begünstigen und wachsen zu lassen. Da es im Gesetz selbst keine Gradualität gibt (vgl. Familiaris consortio, 34), wird diese Unterscheidung niemals von den Erfordernissen der Wahrheit und der Liebe des Evangeliums, die die Kirche vorlegt, absehen können. Damit dies geschieht, müssen bei der aufrichtigen Suche nach dem Willen Gottes und in dem Verlangen, diesem auf vollkommenere Weise zu entsprechen, die notwendigen Voraussetzungen der Demut, der Diskretion, der Liebe zur Kirche und ihrer Lehre verbürgt sein." [AL 300]

Bei dieser abwägenden unterscheidenden Pastoral ist das Ziel die geistliche Aufarbeitung der Trennungsgeschichte und der Wunden, die dabei geschlagen worden sind. Dazu formuliert der Papst ziemlich konkrete Fragen, die sich in manchen Kirchengebieten[62] bereits bewährt haben.

„Die Priester haben die Aufgabe, ‚die betroffenen Menschen entsprechend der Lehre der Kirche und der Richtlinien des Bischofs auf dem Weg der Unterscheidung zu begleiten. In diesem Prozess wird es hilfreich sein, durch Momente des Nachdenkens und der Reue eine Erforschung des Gewissens vorzunehmen. Die wiederverheirateten Geschiedenen sollten sich fragen, wie sie sich ihren Kindern gegenüber verhalten haben, seit ihre eheliche Verbindung in die Krise geriet; ob es Versöhnungsversuche gegeben hat; wie die Lage des verlassenen Partners ist; welche Folgen die neue Beziehung auf den Rest der Familie und die Gemeinschaft der Gläubigen hat; welches Beispiel sie den jungen Menschen geben, die sich auf die Ehe vorbereiten. Ein ernsthaftes Nachdenken kann das Vertrauen auf die Barmherzigkeit Gottes stärken, die niemandem verwehrt wird.' Es handelt sich um einen Weg der Begleitung und der Unter-

62 | Solche Fragen stellte schon Helmut Krätzl im Jahre 1978 für die pastorale Neuausrichtung der Pastoral rund um Scheidung und Wiederheirat für die Erzdiözese Wien unter Kardinal Franz König zusammen. Krätzl, Helmut: Seelsorge an wiederverheirateten Geschiedenen. Derzeitiger Stand der Diskussion. Überarbeitetes Referat, gehalten vor dem Wiener Priesterrat am 15.11.1978.

scheidung, der ‚diese Gläubigen darauf aus[richtet], sich ihrer Situation vor Gott bewusst zu werden.“ [AL 300]

Der Papst erspart der Grundhaltung, die in der überkommenen Pastoral der Exklusion zum Ausdruck kommt, nicht harte Kritik. Hier noch einmal jener Text, der in Ausschnitten schon anderweitig zitiert worden ist:

„Daher darf ein Hirte sich nicht damit zufriedengeben, gegenüber denen, die in ‚irregulären‘ Situationen leben, nur moralische Gesetze anzuwenden, als seien es Felsblöcke, die man auf das Leben von Menschen wirft. Das ist der Fall der verschlossenen Herzen, die sich sogar hinter der Lehre der Kirche zu verstecken pflegen, ‚um sich auf den Stuhl des Mose zu setzen und – manchmal von oben herab und mit Oberflächlichkeit – über die schwierigen Fälle und die verletzten Familien zu richten‘. Auf derselben Linie äußerte sich die Internationale Theologische Kommission: ‚Das natürliche Sittengesetz sollte also nicht vorgestellt werden als eine schon bestehende Gesamtheit aus Regeln, die sich a priori dem sittlichen Subjekt auferlegen, sondern es ist eine objektive Inspirationsquelle für sein höchst personales Vorgehen der Entscheidungsfindung.‘ Aufgrund der Bedingtheiten oder mildernder Faktoren ist es möglich, dass man mitten in einer objektiven Situation der Sünde – die nicht subjektiv schuldhaft ist oder es zumindest nicht völlig ist – in der Gnade Gottes leben kann, dass man lieben kann und dass man auch im Leben der Gnade und der Liebe wachsen kann, wenn man dazu die Hilfe der Kirche bekommt. Die Unterscheidung muss dazu verhelfen, die möglichen Wege der Antwort auf Gott und des Wachstums inmitten der Begrenzungen zu finden. In dem Glauben, dass alles weiß oder schwarz ist, versperren wir manchmal den Weg der Gnade und des Wachstums und nehmen den Mut für Wege der

Heiligung, die Gott verherrlichen. Erinnern wir uns daran, dass ‚ein kleiner Schritt inmitten großer menschlicher Begrenzungen […] Gott wohlgefälliger sein [kann] als das äußerlich korrekte Leben dessen, der seine Tage verbringt, ohne auf nennenswerte Schwierigkeiten zu stoßen'. Die konkrete Seelsorge der Amtsträger und der Gemeinden muss diese Wirklichkeit mit einbeziehen." [AL 305]

Erfahrene Begleiter

Die „Pastoral der Begleitung" lebt von der Qualität der Begleiter. Das Gespräch mit einem erfahrenen Seelsorger wurde schon in der Erklärung der Österreichischen Bischöfe von 1980[63] als wesentliches Element für eine mögliche Aussöhnung von Geschiedenen, die in einer neuen Verbindung leben, angesehen.

Diese Begleitenden müssen die „Kunst der Begleitung" beherrschen. Um diese zu entfalten, gibt Papst Franziskus praktische Anregungen.

Zu allererst braucht es eine Vorgehensweise, „die sich durch Klugheit auszeichnet sowie durch die Fähigkeit zum Verstehen, durch die Kunst des Wartens sowie durch die Fügsamkeit dem Geist gegenüber, damit wir alle zusammen die Schafe, die sich uns anvertrauen, vor den Wölfen, die die Herde zu zerstreuen trachten, beschützen. Wir müssen uns in der Kunst des Zuhörens üben, die mehr ist als Hören. In

63 | „Andererseits ist es aber nach der Überzeugung der Bischofssynode Aufgabe der Kirche, auch gegenüber solchen bloß standesamtlich geschlossenen Ehen Verständnis zu zeigen. Solche Eheleute sind nicht von der Kirche getrennt. Sie sollen am gottesdienstlichen Leben teilnehmen. Nach der traditionellen Praxis der Kirche können sie aber nicht am vollen sakramentalen Leben teilnehmen, es sei denn, es liegen besondere Verhältnisse vor, die jeweils im Gespräch mit einem erfahrenen Priester der näheren Klärung bedürfen." Erklärung der Österreichischen Bischöfe zum Abschluss der Bischofssynode (1980/14-4).

der Verständigung mit dem anderen steht an erster Stelle die Fähigkeit des Herzens, welche die Nähe möglich macht, ohne die es keine wahre geistliche Begegnung geben kann. Zuhören hilft uns, die passende Geste und das passende Wort zu finden, die uns aus der bequemen Position des Zuschauers herausholen. Nur auf der Grundlage dieses achtungsvollen, mitfühlenden Zuhörens ist es möglich, die Wege für ein echtes Wachstum zu finden, das Verlangen nach dem christlichen Ideal und die Sehnsucht zu wecken, voll auf die Liebe Gottes zu antworten und das Beste, das Gott im eigenen Leben ausgesät hat, zu entfalten." [EG 171]

Ein Priester, der in der Kunst der Begleitung gereift ist, wird auch die Balance halten können zwischen rigoristischer Strenge und uninteressierter Gleichgültigkeit. Das erwartet der Papst auch und gerade vom Beichtvater. „Dieser ist immer in Gefahr, zu streng oder zu lax zu sein. Keiner von beiden ist barmherzig, denn keiner nimmt sich wirklich des Menschen an. Der Rigorist wäscht sich die Hände, denn er beschränkt sich auf das Gebot. Der Laxe wäscht sich die Hände, indem er einfach sagt: ‚Das ist keine Sünde' – oder so ähnlich. Die Menschen müssen begleitet werden, die Wunden geheilt." [IV Spadaro]

Bei der Entfaltung der Kultur der Begleitung können (profane) Fachleute hilfreich sein: „Die Fachleute, besonders diejenigen, die Erfahrungen auf dem Gebiet der Begleitung haben, helfen dabei, die pastoralen Vorschläge in den realen Situationen und den konkreten Sorgen der Familien in die Praxis umzusetzen." [AL 204]

Es ist mehr als eine wertschätzende Verneigung von Frauen, die noch immer nach einem gerechten Platz in der Kirche suchen, wenn ihnen der Papst eine besondere Fähigkeit beim Begleiten zuschreibt: „Ich sehe mit Freude, wie viele Frauen pastorale Verantwortungen gemeinsam mit den Priestern ausüben, ihren Beitrag zur Begleitung von Einzelnen, von Familien oder Gruppen leisten und neue Anstöße zur theologischen Reflexion geben. Doch müssen die Räume für eine wirksamere weibliche Gegenwart in der Kirche noch erweitert werden." [EG 103] Das gilt für ihn in besonderer Weise im Blick auf Maria, die Jesus „in großem Glauben zur Welt brachte". Sie ist es, die auch „‚ihre übrigen Nachkommen, die den Geboten Gottes gehorchen und an dem Zeugnis für Jesus festhalten', (Offb 12,17), begleitet" [EG 285]. „Sie ist die Missionarin, die uns nahekommt, um uns im Leben zu begleiten, und dabei in mütterlicher Liebe die Herzen dem Glauben öffnet." [EG 286]

Begleitungsbereite Kirche

Eine solche Kultur der Begleitung setzt nicht nur erfahrene Begleitende – Priester, Frauen, Fachleute – voraus, es braucht auch eine begleitungsbereite Kirche. In fast hymnischer Weise formuliert der Papst:

„Ich träume von einer Kirche als Mutter und als Hirtin. Die Diener der Kirche müssen barmherzig sein, sich der Menschen annehmen, sie begleiten – wie der gute Samariter, der seinen Nächsten wäscht, reinigt, aufhebt. Das ist pures Evangelium. Gott ist größer als die Sünde. Die organisatorischen und strukturellen Reformen sind sekundär, sie kommen danach. Die erste Reform muss die der Einstellung sein. Die Diener des Evangeliums müssen in der Lage sein, die Herzen der Menschen zu erwärmen, in der Nacht mit ihnen zu gehen. Sie müssen ein Gespräch führen und in die Nacht hinabsteigen können, in ihr Dunkel, ohne sich zu verlieren. Das Volk Gottes will Hirten und nicht Funktionäre oder Staatskleriker. Die Bischöfe speziell müssen Menschen sein, die geduldig die Schritte Gottes mit seinem Volk unterstützen können, sodass niemand zurückbleibt. Sie müssen die Herde auch begleiten können, die weiß, wie man neue Wege geht." [IV Spadaro]

Eine solche Kirche möchte auch Christus, so ist der Papst überzeugt, eine „die achtsam ist gegenüber dem Guten, das der Heilige Geist inmitten der Schwachheit und Hinfälligkeit verbreitet: eine Mutter, die klar ihre objektive Lehre zum Ausdruck bringt und zugleich ‚nicht auf das mögliche Gute [verzichtet], auch wenn [sie] Gefahr läuft, sich mit dem Schlamm der Straße zu beschmutzen'" [AL 308].

Eine begleitungsbereite Kirche ist eine offene Kirche. Sie wartet auch nicht, bis die Menschen nach Begleitung suchen. „Eine Kirche ‚im Aufbruch' ist eine Kirche mit offenen Türen. Zu den anderen hinauszugehen, um an die menschlichen Randgebiete zu gelangen, bedeutet nicht, richtungs- und sinnlos auf die Welt zuzulaufen. Oftmals ist es besser, den Schritt zu verlangsamen, die Ängstlichkeit abzulegen, um dem anderen in die Augen zu sehen und zuzuhören, oder auf die Dringlichkeiten zu verzichten, um den zu begleiten, der am Straßenrand geblieben ist. Manchmal ist sie wie der Vater des verlorenen Sohns, der die Türen offenlässt, damit der Sohn, wenn er zurückkommt, ohne Schwierigkeit eintreten kann." [EG 46]

Eine solche Kirche einer respektvollen Begleitung wird Menschen (wieder) anziehen. „Alle werden bewundern können, wie ihr euch umeinander kümmert, wie ihr euch gegenseitig ermutigt und wie ihr einander begleitet: ‚Daran werden alle erkennen, dass ihr meine Jünger seid: wenn ihr einander liebt' (Joh 13,35)." [EG 99]

Sein Wunsch nach einer solchen Erneuerung der Pastoralkultur kommt zusammenfassend in folgendem Text aus Amoris laetitia zum Ausdruck:

„Das verleiht uns einen Rahmen und ein Klima, die uns davon abhalten, im Reden über die heikelsten Themen eine kalte Schreibtisch-Moral zu entfalten, und uns vielmehr in den Zusammenhang einer pastoralen Unterscheidung voll barmherziger Liebe versetzen, die immer geneigt ist zu verstehen, zu verzeihen, zu begleiten, zu hoffen und vor allem einzugliedern. Das ist die Logik, die in der Kirche vorherrschen muss, um ‚die Erfahrung [zu] machen, das Herz zu öffnen für alle, die an den unterschiedlichsten existenziellen Peripherien leben'." [AL 312]

Ein Zuviel an Begleitung?

Bei einem solchen umfassenden Konzept einer „Pastoral des Begleitens" können kritische Einwände aufkommen. Mit der Kultur der Begleitung wird die traditionelle Kultur der autoritären Zuweisung und der moralischen Entmündigung zurückgewiesen. Der pastorale Klerikalismus wird in seine Schranken gewiesen. Das wird zumal an der starken Betonung der Einmaligkeit jeder einzelnen Lebensgeschichte deutlich und am Stellenwert, dem in der erwünschten Pastoral dem Gewissen zugedacht wird. Das verlangt von den Seelsorgenden einen Abschied von einem Handlungsstil, der die letzte Verantwortung des Einzelnen in seinem Gewissen missachtet. Zugleich werden die Adressaten der Pastoral in Pflicht genommen, zu ihrer Gewissensverantwortung zu stehen. Wahre Freiheit ist nicht bequem, weshalb derzeit in Welt und Kirche angesichts der hohen Komplexität der Globalisierung und des gewachsenen Risikos für die zugemutete individuelle Freiheit die Zahl jener – auch jungen – Menschen zunimmt, welche die lästige Last der Freiheit wieder loswerden wollen. Das ist nicht zuletzt in jenen modernen Gesellschaften zu beobachten, in denen in jahrhundertelangem Ringen die Freiheit errungen und die Freiheitsgrade ausgeweitet werden konnten.

Solche sich ausweitende Freiheitsflucht ist auch eine Flucht vor der eigenen Gewissensverantwortung. Der Feind einer vom Papst gewünschten Pastoral der Begleitung, die auf das Gewissen der Menschen setzt, können damit die freiheitsflüchtigen Menschen selbst sein. Es ist der Kirche längst nicht gelungen, nach einer langen Zeit der eingeimpften Skepsis gegenüber dem Gewissen die Bereitschaft der Menschen zu fördern, zu ihrer Gewissensverantwortung zu stehen. Vor allem fundamentalistische Gruppen in den Kirchen, aber auch Modernitätsskeptiker sind in ihrer Tendenz nicht bereit, für sich selbst Verantwortung zu übernehmen.

Aber nicht nur der Unwille zur Gewissensfreiheit bei den Kirchenmitgliedern (und weit darüber hinaus) steht einer Durchsetzung der vom Papst gewünschten Pastoral der Begleitung entgegen. Es könnte einer solchen, wenn diese nicht achtsam gestaltet wird, auch von ihrer inneren Logik Gefahr drohen. Wer sich einen Überblick verschafft hat, in welchen Belangen Ehepaare vom Beginn ihrer Liebe bis zum Tod eines der Partner „begleitet" werden sollen, kann die Besorgnis nicht als gänzlich unhaltbar erachten, dass in einem solchen lückenlosen Konzept der Begleitung auch ein Moment der Entmündigung enthalten sein kann. Gerade die Mündigkeit eines freien Gewissens, welche die Kultur der Begleitung voraussetzt, kann durch eine Art Dauerbegleitung in allen Lebensphasen konterkariert werden.

Es gibt damit durchaus auch kritische Anfragen an das Konzept einer Pastoral der Begleitung. Bei einer Studientagung über die erneuerte Pastoral rund um Scheidung und Wiederheirat erklärte ich die Elemente des Entwurfs von Papst Franziskus. Die Stichworte waren: Letztlich sind die Betroffenen selbst verantwortlich, in ihrem Gewissen zu klären, wie sie vor Gott dastehen. Die Kirche gebe bei der nicht immer leichten Gewissensentscheidung und dem erhofften Heilungsweg einen Begleiter zur Seite. Der Bischof rundet durch eine wie immer geartete Geste ab, dass ab einem bestimmten Zeitpunkt eine wiederverheiratete geschiedene Person am vollen Leben der Kirche teilnehmen könne.

Als ich mit meiner Erklärung fertig war, meldete sich eine Person. Aufgeregt sagte sie, dass sie eine solche „auferlegte Begleitung" als Misstrauen ihr gegenüber betrachte, als eine neuerliche Form einer Bevormundung. Diese komme nicht mehr autoritär und moralisierend daher, kleide sich in mütterliche Fürsorge, mache damit aber die Betroffenen neuerlich zu unmündigen Kindern.

Nun muss pastorale Begleitung diesen „Geruch" nicht haben. Aber der Einspruch ist auch nicht gänzlich von der Hand zu weisen. Es bedarf daher eines enormen Fingerspitzengefühls bei den Begleitenden, damit dieser Verdacht keine Nahrung erhält. Zunächst ist aber zu betonen, dass es durchaus Personen geben wird, die der Begleitung nicht bedürfen. Zugleich wird von den Betroffenen viel an Einsicht in die Logik ihres eigenen Gewissens verlangt. Sie werden, wenn sie nicht Freiheitsflüchter, sondern Freiheitskünstler sind, eine Begleitung umso eher annehmen, je mehr ihnen die Erfahrung nicht fremd ist, dass jeder von uns vor sich selbst und den anderen gut dastehen will und dass allein dieses Interesse (neben vielen möglichen anderen) unser Gewissen und seine Erkenntnis verschatten kann. Jemand mit einem wohlwollenden, nicht verurteilenden, sondern heilenden Außenblick ist – so die Einsicht – vielleicht eher in der Lage, solchen Verschattungen nicht zum Opfer zu fallen. Die Kunst solcher Begleitung wird dann darauf zielen, die Erkenntnis der betroffenen Person zu befreien. Das setzt hohe Reife voraus. Begleitung muss demnach dergestalt sein, so die logische Konsequenz solcher Einsichten in die Arbeitsweise des Gewissens, dass die Begleitung selbst, ihre Modalitäten und ihre Zeiten in Freiheit vereinbart werden.

Dem Papst scheinen diese dunklen Seiten einer Kultur der Begleitung nicht fremd zu sein. Daher wendet er sich ersuchend an die Menschen, denen er eine pastorale Begleitung wünscht:

„Ich lade die Gläubigen, die in komplexen Situationen leben, ein, vertrauensvoll auf ein Gespräch mit ihren Hirten oder mit anderen Laien zuzugehen, die ihr Leben dem Herrn geschenkt haben. Nicht immer werden sie bei ihnen die Bestätigung ihrer eigenen Vorstellungen und Wünsche finden, doch sicher werden sie ein Licht empfangen, das ihnen erlaubt, ihre Situation besser zu verstehen, und sie werden einen Weg der persönlichen Reifung entdecken. Und ich lade die Hirten ein, liebevoll und gelassen zuzuhören, mit dem aufrichtigen Wunsch, mitten in das Drama der Menschen einzutreten und ihren Gesichtspunkt zu verstehen, um ihnen zu helfen, besser zu leben und ihren eigenen Ort in der Kirche zu erkennen." [AL 312]

Vom Ideologen zum Hirten

Der Jesuit Antonio Spadaro, mit dem Papst befreundet, wurde einmal gefragt, ob der Papst rechts oder links sei. Spadaro erwiderte: „Weder das eine noch das andere." Die Alternative laute ganz anders: „Ist er ein Ideologe oder ein Hirte?" Geht es ihm also – wie den Ideologen – um das Gesetz und seine konsequente Anwendung auf die Menschen, oder ist er Hirte, der am Wohl jedes Einzelnen der anvertrauten „Herde" interessiert ist und nicht ruht, bis es auch den verlorenen und den verwundeten Schafen gut geht? Die Antwort von Spadaro war klar. Papst Franziskus finden wir eindeutig am Pol des Hirten. Mit den Ideologen hingegen hat er keine Freude. Steht für den Ideologen das allgemeine Gesetz im Mittelpunkt, dann für den Hirten das einmalige Gesicht. Der Papst steht somit für eine Verlagerung in der Pastoral „vom Gesetz zum Gesicht". In seiner Rede gleich nach der Familiensynode, auf der Ideologen und Hirten heftig miteinander gerungen haben, bringt er klar zum Ausdruck, wo er steht:

„Die Erfahrung der Synode hat uns auch besser begreifen lassen, dass die wahren Verteidiger der Lehre nicht jene sind, die den Buchstaben verteidigen, sondern die, welche den Geist verteidigen; die nicht die Ideen, sondern den Menschen verteidigen; nicht die Formeln, sondern die Unentgeltlichkeit der Liebe Gottes und seiner Vergebung. Das bedeutet keineswegs, die Bedeutung der Formeln – sie sind notwendig! –, der Gesetze und der göttlichen Gebote zu schmälern, sondern die Größe des wahren Gottes zu preisen, der an uns nicht nach unseren Verdiensten und auch nicht nach unseren Werken, sondern einzig nach dem unbegrenzten Großmut seiner Barmherzigkeit handelt (vgl. Röm 3,21–30; Ps 130; Lk 11,37–54). Es bedeutet, die ständigen Versuchungen des älteren Bruders (vgl. Lk 15,25–32) oder der eifersüchtigen Arbeiter (vgl. Mt 20,1–16) zu überwinden. Ja, es bedeutet, die Gesetze und die Gebote, die für den Menschen geschaffen sind und nicht umgekehrt (vgl. Mk 2,27), noch mehr zur Geltung zu bringen." [SYN]